江西中医药大学1050人才工程项目

江西省"卫生管理学"高水平本科教学团队

江西中医药大学科技创新团队（CXTD22016）

江西省高等学校教学改革研究课题（JXJG-12-12-15）

江西省学位与研究生教育教学改革研究项目（JXYJG-2020-164）

江西省教育科学规划课题（20YB240）

江西省《卫生事业管理学》研究生"课程思政"示范课程

江西省《卫生事业管理学》一流本科课程

江西中医药大学《卫生事业管理专题》研究生"课程思政"示范课程、金课

江西中医药大学《卫生事业管理学》"课程思政"示范课程

｜光明社科文库｜

课程思政视域下
重大传染病防控的精神价值与教育实践

王　力　余苏珍　王军永◎主编

光明日报出版社

图书在版编目（CIP）数据

课程思政视域下重大传染病防控的精神价值与教育实践 / 王力，余苏珍，王军永主编 . -- 北京：光明日报出版社，2023.8

ISBN 978 - 7 - 5194 - 7402 - 7

Ⅰ.①课… Ⅱ.①王… ②余… ③王… Ⅲ.①高等学校—思想政治教育—教学研究—中国 Ⅳ.①G641

中国国家版本馆 CIP 数据核字（2023）第 151864 号

课程思政视域下重大传染病防控的精神价值与教育实践

KECHENG SIZHENG SHIYU XIA ZHONGDA CHUANRANBING FANGKONG DE JINGSHEN JIAZHI YU JIAOYU SHIJIAN

主　　编：王　力　余苏珍　王军永

责任编辑：李　倩　　　　　　　　责任校对：李壬杰　李海慧
封面设计：中联华文　　　　　　　责任印制：曹　诤

出版发行：光明日报出版社

地　　址：北京市西城区永安路 106 号，100050

电　　话：010 - 63169890（咨询），010 - 63131930（邮购）

传　　真：010 - 63131930

网　　址：http：// book. gmw. cn

E - mail：gmrbcbs@ gmw. cn

法律顾问：北京市兰台律师事务所龚柳方律师

印　　刷：三河市华东印刷有限公司

装　　订：三河市华东印刷有限公司

本书如有破损、缺页、装订错误，请与本社联系调换，电话：010-63131930

开　　本：170mm×240mm

字　　数：230 千字　　　　　　　印　　张：12.5

版　　次：2024 年 1 月第 1 版　　　印　　次：2024 年 1 月第 1 次印刷

书　　号：ISBN 978 - 7 - 5194 - 7402 - 7

定　　价：85.00 元

项目支持：

□江西中医药大学 1050 人才工程项目

□江西省"卫生管理学"高水平本科教学团队

□江西中医药大学科技创新团队（CXTD22016）

□江西省高等学校教学改革研究课题（JXJG-12-12-15）

□江西省学位与研究生教育教学改革研究项目（JXYJG-2020-164）

□江西省《卫生事业管理学》研究生"课程思政"示范课程

□江西省《卫生事业管理学》一流本科课程

□江西中医药大学《卫生事业管理专题》研究生"课程思政"示范课程、金课

□江西中医药大学《卫生事业管理学》"课程思政"示范课程

编 委 会

序

全面推进"课程思政"建设是落实立德树人根本任务的战略举措。自 2016 年以来,我国高校"课程思政"经历了一个从无到有、从点到面、从典型到全面深化推广,以"数量增长"为主要特色的发展历程。随着《高等学校课程思政建设指导纲要》的实施及《教育部高等教育司关于深入推进高校课程思政建设的通知》的发布,"课程思政"正在开阔"提质增效"的新视野,开启高质量发展的新篇章,或者说,在"实现高等教育内涵式发展"和"高校思想政治教育高质量发展"的双重背景下,我国高校的"课程思政"建设已进入 2.0 时代。

党领导全国人民抗击新冠疫情的伟大实践,是一部生动鲜活的爱党、爱国、爱社会主义教育的宏大实践教材。疫情发生后,我们将疫情防控教育融入"卫生事业管理学"课程的教学活动,凝练抗疫素材,结合伟大抗疫精神,对思政元素挖掘、教学方法、案例构建及教学策略进行了一些探索与实践。教学团队成功获批江西省高水平本科教学团队、江西省研究生"课程思政"示范课程、江西省学位与研究生教育教学改革研究项目、江西省高等学校教学改革研究课题、江西中医药大学"课程思政"示范课程、江西中医药大学研究生"金课"等一系列教学质量工程项目的立项。因此,本书是上述教学研究与实践的探索和成果汇聚,将抗疫期间的优秀素材作为重要内容融入教学,提升教学效果和育人效果,创新和完善育人方式和途径,实现人才培养的"德业融合"。能够为后疫情时代高层次卫生管理人才的培养提供创新教育素材。

教学团队对标社会主义新时代人才需求,贯彻落实"以本为本",围绕卫生管理的核心精神与思想,完善教学内容与方法,促进"知识传递"与"价值引导"的有机融合。通过"卫生事业管理学"这门培养卫生管理人才的专业核心课程的"课程思政"教学改革,凝练课程思想精髓,培养学生高阶思维，提高教育教学质量。一方面从理论上探讨"伟大抗疫精神"的思政教育价值及其对我国卫生事业发展的影响、与卫生管理人才培养实现"德业融合"的契合性等针对专业课开展"课程思政"育人的相关问题；另一方面从实践上结合课程教学内容体系，采用政策分析、新闻解读、文献研究等方法，挖掘、设计抗击疫情典型案例素材，形成教学实践示范案例。

过去，我们在教学中采用大量的案例教学，广受学生欢迎，收到良好的教学效果。我们也借此组建了江西中医药大学"教师工作坊"——案例教学法本土化研究与实践教学团队，以凝聚志同道合之力，研究、推广案例教学方法，培养青年教师。以上述工作为基础，加上对"课程思政"内涵的理解，决定将案例教学融入专业课思政教育。在过去的五年中，教学团队不断完善案例选择的科学性和有效性，赋予案例本身更多的情感价值和理性渗透。案例设计除了注重与教学内容吻合性、针对性之外，还充分考虑与课程德育目标融合的准确性与契合性，并且判断学生的认同性和可接受性；师生共同参与，共同挖掘与梳理。

本书是一本响应时代特征、具有鲜明导向与特色、探索专业课"课程思政"教学改革实践的思想政治教育研究读物。需要说明的是，本书内容仅是对近年来教学工作的研究积累，以及时事的变化与发展所述。鉴于卫生管理学科的时代性与前沿性，案例素材本身应是一个开放系统，我们也将根据教学需求进行增补、更新，目的是在"课程思政"教育教学改革的背景下更好地服务人才培养。

出版该书的意图及作用有三。一是为从事"卫生事业管理学"及其相关课程教学的教师提供丰富的教学素材，为有兴趣在这门课程教学中进行"课程思政"教育教学改革的教师提供经验借鉴；同行们可结合校情、学情以及自身的特点，进一步探索其教学形式与应用方法，努力把思想性、理论性、知识性与教学方式上的运用有机结合起来，不断增强教学的亲和力、感染力。二是为学习卫生管理专业的大学生提供一本启智明理的读物，聚焦青年思想之关切，着眼于大学生道德素养的熏陶濡染，正面引导，答疑解惑，立足于用现代管理思维思考和探究中国卫生健康事业改革与发展的现实问题；增强学生健康意识、提高学生职业素养、培养学生公共精神，以更好地为人类健康事业服务。三是为卫生管理的爱好者或从业者提供一本有温度、有触感、有质量的专业读物，以期帮助读者拓展视角，启发思维。

能够出版该书，得益于近年来相关部门给予教学团队在教学质量工程项目及教学改革研究中的大力支持，正是这些项目孕育孵化了该书，而该书亦可看作这些项目建设的成果之一。

本书是在课程教学改革实践的基础上完成的，感谢江西中医药大学教务处、科研处等部门的指导、帮扶与照顾；感谢各位同人的教学切磋，互为嘉惠；感谢团队教师及我的学生在案例采集、组稿校对、资料整理中的辛勤付出，特为致谢。因时间仓促，限于水平，难免存在瑕疵，望读者海涵、指正。

王力

2022 年 12 月于洪城

前　言

　　"卫生事业管理学"是运用现代管理科学的理论、方法和技术，研究国内外卫生事业管理的基本规律，卫生事业管理的理论、方法及卫生政策，提高卫生服务的社会效益和经济效益进而提高人民群众健康水平的系统科学；是一门涉及管理学、经济学、社会学和心理学等学科交叉知识的专业核心课程，与国家卫生与健康政策设计和变迁紧密关联，特别注重时事性和探究性，亦是融思想性和应用性于一体的学科交叉课程。

　　新冠疫情对我国医疗卫生体系提出了重大挑战，暴露出卫生健康领域中公共政策和公共管理研究与实践的一些短板，如何完善重大传染病疫情防控应对与管理、如何完善重大突发公共卫生事件治理机制、如何建立重大突发公共卫生事件下的医疗资源供给与配置模式、如何构建公共卫生体系与医疗服务和医疗保障体系的融合协同机制、如何完善卫生人才培养机制等一系列卫生健康治理体系和治理能力问题将成为卫生事业管理研究中的重点。在这一背景下，将抗疫经典案例融入"课程思政"建设，具有独特的时代特色，将会产生重要的现实价值和社会意义，有助于更好地培养符合"健康中国"战略需要的卫生管理人才。

　　党领导全国人民抗击新冠疫情的伟大实践，是一部生动鲜活的爱党、爱国、爱社会主义教育的宏大实践教材，充分彰显了坚持党的领导的执政自信和中国特色社会主义制度优势。疫情发生后，国内众多高校将疫情防控教育融入各类课程的教学活动，广大教师采用抗疫素材，结合各自学科、专业、课程，对思政元素挖掘、教学方法、案例构建及教学策略进行了一些探索与实践。但由于受疫情影响，各高校大量采用线上教学，案例在教学实践中尚未很好地与专业人才培养目标、课程目标、课程内容有机融合，表现为案例使用泛化、教学设计松散、内容运行碎片等，缺乏对抗疫案例系统性、针对性的挖掘、设计、使用。

　　案例教学已被证明在各类课程教学中具有良好效果，同行们也积累了丰富的工作经验。然而，面对新时代背景下习近平总书记关于大学办学的"三问"以及"三全"育人之思政教育语境，我们意识到，仅仅将教学方法运用于知识传授中是远远不够的，教学方法的使用要避免"工具理性"思维，即教学方法的运用是有生命的，理应有其思想意识性、伦理价值性、历史使命性等要求。以往的教学研究与实践对于案例采集、讲授、讨论、分析过程中德育元素的挖掘缺乏系统性和专业化。因此，在"课程思政"建设中，我们以抗疫经典案例作为主要素材，将案例教学与专业课程的育德作用进行融合设计与实践，并作为案例教学本土化研究与实践的一个突破点、特色点、创新点。

基于案例教学公认的启发性、互动性、开放性的特性，我们在教学实践中根据课程性质、学时、学分情况，主要采用嵌入式案例讲授、典型案例分析、Seminar 研讨、体验式案例教学、课后自学案例五种案例教学方法。嵌入式案例讲授是指在教师讲授核心知识点环节嵌入说明式案例，起到引导、举例、解释的作用，并注重思政元素"隐性渗透"。典型案例分析需要以教师为主导，课前布置学生分析案例，确定课堂角色及职责，师生相互提问与评判，教师总结点评，注重案例思政意义的"无痕植入"。Seminar 研讨则需要提前一周或更长的时间向学生提出研讨问题，以供学生阅读案例并查询资料，带着想法和问题去开展讨论、准备发言等，教师归纳研讨结论，实现思政教育的"情感共鸣"。体验式案例教学是将学生带入真实案例现场进行教学，包括参观相关的企业、项目、成果，参与实践等，注重思政教育的"知行合一"。课后自学案例即提供给学生案例或者让学生自行查找明确的案例主题，以小组团队形式进行自主学习，教师进行必要的指导，设计核心问题，开发思政教育的"自我意识"。

"课程思政"既是教育理念也是教学策略，需要通过有效的教学方法进行疏导。

但"教学有法，教无定法，贵在得法"。在此，无意过多讨论方法的比较、选择与规则。不同学校、不同专业，针对不同学生，同行自有其主见及思考去寻求适合的范式。

"卫生事业管理学"作为一门专业课程，有其特定的学科体系、社会情境、历史变迁的积淀，虽蕴含丰富的思想政治教育资源，但需要结合课程属性和特点，从不同角度挖掘其历史文化渊源、社会文化价值、现实发展意义和伦理道德价值，探究其知识逻辑体系中存在的辩证思想。如前所述，案例本身的思想意识性、伦理价值性、历史使命性等需要教学者有敏锐的研判能力、系统的开发能力、持续的挖掘能力，以追求客观性和价值性的统一、开放性和规律性的统一、理论性和实践性的统一。需要同人共同努力，持续探索与实践。

目 录
CONTENTS

上篇

01

| 理 论 篇 |

第一章

"课程思政"的基本理念

第一节　"课程思政"的产生背景

作为近年来高校思想政治工作的创新性实践,"课程思政"是指以构建全员、全程、全课程育人格局的形式将各类课程与思想政治理论课(以下简称"思政课")同向同行,形成协同效应,把"立德树人"作为教育之根本任务的一种综合教育理念。对促进学生的价值塑造、知识传授、能力培养融合,实现全面发展具有重要的现实意义。为此国家有关部门出台了诸多政策支持"课程思政"建设。高校作为人才培养和素质教育的重要基地,正在积极推动"课程思政"改革与实践的高质量发展。

一、新时代发展要求催化"课程思政"新理念

大学生的思想政治教育与时代命运息息相关,与国家发展、民族进步紧密相连。新时代呼唤新人才,培养全面发展的时代青年是对我国社会进步的积极响应,同时也是对促进和提升高校思想政治工作提出的新号召和政治要求。新时代大学生的显著特征之一就是主体意识加强,渴望发挥自己的主观能动性,以实现自我需求与发展。高校思想政治教育应站在党和国家教育事业发展的全局,主动适应新时代新变化,针对新情况新特点及时调整实施策略,深入探索"课程思政"建设的新理念和新实践,理性分析各类课程与思想政治理论课之间协同配合的问题,形成合力,整体推进高校思想政治教育的改革和发展。

二、高校思政课自身不足呼唤"课程思政"改革

高校思想政治工作经过长时间的积累取得了一些成效，但被默认为高校思想政治工作开展主体的思政课，长期处于"孤岛化"境地。在高校的课程体系中，思想课和其他各类课程互不相干，各行其是，面临着亲和力不高、针对性不强等问题，难以引起学生的学习兴趣；部分思政教师产生职业倦怠感，教学模式较为单一，达不到想要的教学效果。此外，思想课因为其内容具有局限性，不足以针对不同学科、不同专业学生的思想动态及价值取向。而专业课在传统的培养方案与教学目标的设计上对德育的判定标准，缺乏针对不同课程、不同学生的整体规划，也没有形成统一的育人体系。最终导致各类课程目标不一、各自为政，存在"两张皮"的现象。这些长期存在的系统性不足呼唤"课程思政"改革进行弥补。

三、各种社会思潮的影响需要"课程思政"教育

全球化背景下世界范围内经济和技术交流的广泛和深入，导致西方个人主义、自由主义、功利主义等思想纷纷传入我国。互联网、信息化时代的迅速发展导致信息交流形式、渠道和内容丰富多元，意识形态的对立、价值观的冲突等借助互联网得到广泛传播和渗透。受制于群体心理条件、性格特征和人生经历的局限性，大学生对一些不良思潮的渗透缺乏足够的辨识能力，容易被影响，甚至盲目地接受和推崇。这就需要高校主动靠前，占领意识形态主阵地。"课程思政"的现实意义就在于它可以在潜移默化中提升青年学生的思想政治意识，让学生形成一个高水平、高层次的价值认同，提高鉴别思想意识的是非能力，在意识形态的认知面前立场坚定，始终站在正确的政治立场、政治方向、政治原则上，强化初心使命，夯实责任担当。

第二节　"课程思政"的发展与政策梳理

一、"课程思政"的发展阶段

1. 萌芽阶段

2004 年，《中共中央国务院关于进一步加强和改进大学生思想政治教育的

意见》指出，"提高大学生思想政治素质，促进其全面发展，需要更深层地加强对大学生的思想政治教育，这也是新形势下的任务和要求。为此，要将对大学生的思想政治教育列于高校各项工作的首要位置，有效发挥课堂教学的主导作用，深入挖掘各门课程的思想政治教育资源，实现传授知识与思想政治教育的有机融合和同步，使学生在学好专业课知识的同时，主动加强自身思想政治觉悟和素养"。由此，有关"课程思政"的探索便进入了萌芽阶段。2005 年，上海市在推进思想政治教育课程改革进程中最先提出了以"学科德育"①为核心的教育理念，可谓"课程思政"最早的行动者。其先后出台了多项加强对中小学生德育培养的文件，旨在推进以实施"学科德育"为目的的课程改革，要求每位教师都担起德育责任，每门课程都承载德育意蕴。经过多个阶段的实践探索，上海市逐渐形成了"课程思政"这一教育工作理念。可以说，上海市推行的"课程思政"改革，为全国开展"课程思政"建设提供了"上海经验"。

2. 形成阶段

2016 年，全国高校思想政治工作会议的召开使得"课程思政"的发展迈入了一个新阶段，也正是在这次会议召开之后，学者们才更加明确地提出了"课程思政"的相关概念，其对于"课程思政"的研究具有重要的意义和作用。习近平总书记在这次会议上强调："做好高校思想政治工作，要因事而化、因时而进、因势而新。用好课堂教学这个主渠道，提升思想政治教育亲和力和针对性，满足学生成长发展需求和期待，其他各门课都要守好一段渠、种好责任田，使各类课程与思想课同向同行，形成协同效应。"2017 年，国务院发布《关于加强和改进新形势下高校思想政治工作的意见》指出，"要加强对课堂教学和教师队伍的建设。在课堂教学建设方面，健全课堂教学的相关管理制度，充分调动运用各类思想政治教育资源。在教师队伍建设方面，加强师德师风建设，提升教师的思想政治素养和育人责任感"。同年 12 月，中共教育部党组印发《高校思想政治工作质量提升工程实施纲要》，纲要提到，"要充分发挥高校工作中十大方面的育人功能，其中第一点便是强调要发挥好

---

① 在教育思想史上，"学科德育"观念的提出，源于德国教育学家约翰·弗里德里希·赫尔巴特（Johann Friedrich Herbart，1776—1841）。赫氏以为，学校所有学科教学均具有"教育"之功能，这里"教育"相当于现在所讲的德育，"教育"是目的，"教学"是手段，既没有无教育的教学，也没有无教学的教育，这便是所谓的"教育性教学"的原则。

课程的育人功能。要大力推进'课程思政'目标背景下的教育教学改革，修订培养方案和专业教材，完善课程设置和教学设计，健全育人机制和管理办法，实现专业知识教育与思想政治教育的有机协同"。此后，有关高校"课程思政"建设的理论探索和实践探究如雨后春笋般发展兴盛起来。

3. 发展阶段

近五年来，与"课程思政"相关的文件、通知、纲要等逐渐增多，"课程思政"建设进入了一个全面发展的阶段。2018 年，教育部印发了《新时代高校思想政治理论课教学工作基本要求》的通知，要求全面推进落实"三进工作"①，培养勇担民族复兴重任的新时代人才。为此，通知提出了要明确高校主体责任、改善考核方式方法、丰富集体备课形式等基本要求。同年 10 月，教育部颁发了《关于加快建设高水平本科教育全面提高人才培养能力的意见》，强调要加强"课程思政"和专业思政建设，提高思政工作质量和人才培养能力。2019 年，中共中央办公厅、国务院办公厅颁布了《关于深化新时代学校思想政治理论课改革创新的若干意见》，意见旨在深入推进高校"课程思政"的学科德育工作，提出要建设一批"课程思政"示范院校、示范课程、示范团队以及示范中心等。

2020 年，教育部颁发了《高等学校课程思政建设指导纲要》，此纲要的颁布实施对于各高校开展课程思政具有重要的指导意义，提供了相应的建设指南和标准要求，由此课程思政便进入了一个自觉发展的新历程。纲要指出，"课程思政"是一项系统工程，要全面推进"课程思政"建设，加大高校重视力度，满足差异化和统一化要求，充分调动和发挥教师实施"课程思政"的积极主动性，把思想政治教育贯穿在整个教学工作体系中，实现人才培养高质量发展。2021 年，中共中央、国务院颁布了《关于新时代加强和改进思想政治工作的意见》，提出要加快构建思想政治工作体系和格局，加强对学生的理想信念教育。随后，在 2021 年年末，教育部高等教育司印发了《关于深入推进高校课程思政建设的通知》，旨在进一步提升高校开展"课程思政"建设的质量，减少标签化、表面化、生硬化的现象。

综上所述，"课程思政"在历经了萌芽和形成阶段后，现如今，正处于一个全面发展的阶段，而"课程思政"在各大高校中也已成为教育教学研究与

---

① 高校思想政治工作有一项具体的"三进"要求：进教材、进课堂、进头脑，就是要把党的思想理论和路线方针编入教材、融入课堂教学、铭刻在大学生的脑海里。

实践的热点。从以上召开的会议以及颁发的各项纲要、通知、意见中可以看出，全面推进"课程思政"建设是应然之势和必然要求，各高校要以各类文件为根本遵循和指南，积极主动地做出响应和行动，竭力探索适合本院校的"课程思政"建设之路。

二、"课程思政"的相关政策梳理

"课程思政"一直受到党中央、国务院的高度重视，特别是 2016 年习近平总书记在全国高校思想政治工作会议上强调各类课程都要与思想政治理论课同向同行，形成协同效应后，高等教育主管部门和各高校认真学习贯彻，出台了一系列政策措施。

2017 年 12 月，中共教育部党组印发了《高校思想政治工作质量提升工程实施纲要》（教党〔2017〕62 号），明确指出："推动以'课程思政'为目标的课堂教学改革，梳理各门专业课程所蕴含的思想政治教育元素和所承载的思想政治教育功能，融入课堂教学各环节，实现思想政治教育与知识体系教育的有机统一。"

2018 年 4 月，《教育部关于加强新时代高校"形势与政策"课建设的若干意见》（教社科〔2018〕1 号）提出各高校应结合实际和学生需求，开设形势与政策教育类的选修课，完善思想政治理论教育课程体系，发挥"课程思政"作用。

同年 9 月，习近平总书记在全国教育大会上系统回答了为谁培养人、培养什么人、怎样培养人这一根本问题，强调高校必须抓住立德树人的根本任务，建立德智体美劳全面发展的人才培养体系，打造过硬教师队伍。

同年 10 月，教育部印发《关于加快建设高水平本科教育全面提高人才培养能力的意见》中提出了"新时代高教 40 条"，其中对高校要把思想政治教育贯穿高水平本科教育全过程做了进一步重申，提出高校要围绕全面提高人才培养能力这个核心点，加快形成高水平人才培养体系，提升思政工作质量，强化"课程思政"和专业思政。

2019 年 4 月，教育部高等教育司印发《教育部高等教育司 2019 年工作要点》（教高司函〔2019〕21 号）提出制定实施关于加强高校"课程思政"建设的指导意见，统筹标准、课程、教材、教学、评价、考核等各环节，加强"课程思政"教师队伍建设，构建"思政课程+课程思政"育人大格局。

2020 年 4 月，《教育部等八部门关于加快构建高校思想政治工作体系的意见》（教思政〔2020〕1 号）提出全面推进所有学科"课程思政"建设。统筹"课程思政"与思政课程建设，构建全面覆盖、类型丰富、层次递进、相互支撑的课程体系。重点建设一批提高大学生思想道德修养、人文素质、科学精神和认知能力的公共基础课程。

同年 6 月，教育部印发《高等学校课程思政建设指导纲要》（教高〔2020〕3 号），明确"课程思政"建设目标要求和内容重点，即"课程思政"建设工作要围绕全面提高人才培养能力这个核心点，在全国所有高校、所有学科专业全面推进，促使"课程思政"的理念形成广泛共识。广大教师开展"课程思政"建设的意识和能力全面提升，协同推进"课程思政"建设的体制机制基本健全，高校立德树人成效进一步提高。

同年 8 月 31 日，教育部关于印发《国家开放大学综合改革方案》的通知（教职成〔2020〕6 号）提出国家开放大学要坚持立德树人根本任务，坚持用习近平新时代中国特色社会主义思想铸魂育人，加强思想政治理论课建设，整体推进"课程思政"，深入挖掘各学科门类专业课程蕴含的思想政治教育资源，形成各类课程与思政课同向同行、协同高效的课程育人体系。

同年 9 月 4 日，教育部、国家发展改革委、财政部《关于加快新时代研究生教育改革发展的意见》（教研〔2020〕9 号）提出，开全开好研究生思想政治理论课，推进习近平新时代中国特色社会主义思想进教材、进课堂、进头脑。加强研究生"课程思政"，建成一批"课程思政"示范高校，推出一批"课程思政"示范课程，选树一批"课程思政"教学名师和团队，建设一批"课程思政"教学研究示范中心。

同年 9 月 24 日，《教育部关于学习贯彻习近平总书记在全国抗击新冠肺炎疫情表彰大会上的重要讲话精神的通知》（教体艺〔2020〕6 号）提出，各地和学校要引导师生从巩固马克思主义在意识形态领域的指导地位、培育和践行社会主义核心价值观、巩固全党全国各族人民团结奋斗共同思想基础的政治高度，积极推动习近平总书记重要讲话精神和伟大抗疫精神进教材、进课堂、进学生头脑，全面融入思政课和"课程思政"建设，形成协同效应。

同年 11 月 23 日，国务院教育督导委员会办公室关于印发《全国专业学位水平评估实施方案》的通知（国教督办函〔2020〕61 号）提出坚持把思政教育放在人才培养首位，加强思政教育成效评价，重点考察"三全育人"综合改革①情况，展现培养单位在"课程思政"改革、意识形态阵地管理、基层党组织建设、思政队伍建设及实践育人等方面的特色做法及成效。

同年12月15日，教育部、财政部、国家发展改革委关于印发《"双一流"建设成效评价办法（试行）》的通知（教研〔2020〕13号）提出将立德树人成效作为根本考察标准，以人才培养过程、结果及影响为评价对象，突出培养一流人才，综合考察建设高校思政课程、"课程思政"、教学投入与改革、创新创业教育、毕业生就业质量以及德智体美劳全面发展等方面的建设举措与成效。

2021年2月24日，教育部关心下一代工作委员会关于印发《教育部关工委2021年工作要点》的通知（教关委函〔2021〕5号）拓展深化"青蓝工程"品牌内涵，开展"青蓝工程"助力提升青年教师"课程思政"能力建设试点工作，充分发挥"五老"②优势，助力"课程思政"建设。

同年3月1日《教育部办公厅关于开展课程思政示范项目建设工作的通知》（教高厅函〔2021〕11号）提出面向职业教育、普通本科教育、研究生教育和继续教育，选树一批"课程思政"示范课程、教学名师和团队、教学研究示范中心，全面推进不同类型学校的"课程思政"建设理论研究和教学实践，探索创新"课程思政"建设方法路径，构建全面覆盖、类型丰富、层次递进、相互支撑的"课程思政"体系，加快形成"校校有精品、门门有思政、课课有特色、人人重育人"的良好局面。

同年7月1日，《国家教材委员会关于印发习近平新时代中国特色社会主义思想进课程教材指南的通知》（国教材〔2021〕2号）要求，职业院校、普通高校学科专业课程教材要从国家规划教材和一流课程、专业做起，探索形成符合专业教育实际和思政教育目标的落地模式，并逐步扩展到所有学科专业课程教材，促进内容体系、教学体系与"课程思政"体系的不断完善、整体贯通。

同年7月29日，《教育部、财政部关于实施职业院校教师素质提高计划（2021—2025年）的通知》（教师函〔2021〕6号）推进理想信念教育常态

---

① "三全育人"即全员育人、全程育人、全方位育人，是中共中央、国务院《关于加强和改进新形势下高校思想政治工作的意见》提出的坚持全员全过程全方位育人的要求。2018年、2019年，教育部公示了两批"三全育人"综合改革试点单位。

② 教育部关心下一代工作委员会所称的"五老"是指老干部、老战士、老专家、老教师、老模范。

化，将思想政治和师德师风纳入教师培训必修内容。全面推进"课程思政"建设，切实增强教师"课程思政"意识和能力，使各类课程与思政课程同向同行，寓价值观引导于知识传授和能力培养中。

2022年1月26日，教育部、财政部、国家发展改革委《关于深入推进世界一流大学和一流学科建设的若干意见》（教研〔2022〕1号）也指出要完善全员全过程全方位育人体制机制，不断加强思政课程与"课程思政"协同育人机制建设，着力培育具有时代精神的中国特色大学文化，引导广大青年学生爱国爱民、锤炼品德、勇于创新、实学实干，努力培养堪当民族复兴大任的时代新人。

表1-1　2017年以来政府颁布与"课程思政"相关的政策文件（部分）

编号	发布主体	政策文件	发布时间
1	国务院	《关于加强和改进新形势下高校思想政治工作的意见》	2017年
2	教育部	《高校思想政治工作质量提升工程实施纲要》	2017年
3	教育部	《新时代高校思想政治理论课教学工作基本要求》	2018年
4	教育部	《关于加快建设高水平本科教育全面提高人才培养能力的意见》	2018年
5	国务院	《关于深化新时代学校思想政治理论课改革创新的若干意见》	2019年
6	教育部	《高等学校课程思政建设指导纲要》	2020年
7	国务院	《深化新时代教育评价改革总体方案》	2020年
8	国务院	《关于新时代加强和改进思想政治工作的意见》	2021年
9	国务院	《习近平新时代中国特色社会主义思想进课程教材指南》	2021年
10	教育部	《关于深入推进高校课程思政建设的通知》	2021年

综上所述，一系列强有力的政策的出台，体现出三个显著特点。一是政策主体多元，国家发展改革委、教育部、财政部、人力资源社会保障部、共青团中央多部门合力决策、共同参与，充分说明党和国家对于"课程思政"建设的高度重视。二是政策对象覆盖全面，实现职业教育、普通本科教育、研究生教育和继续教育全面覆盖，共同推进。三是政策措施立体，具体措施涉及课程建设、师资队伍建设、教材建设、学科专业建设，贯穿标准、课程、教材、教学、评价、考核等各环节。为各高校落实"课程思政"建设任务指

明了方向，提供了重要的操作依据。

第三节　"课程思政"的内涵与理论基础

一、"课程思政"的内涵

1. "课程思政"的释义

"课程思政"不同于思政课程。首先，将"课程思政"拆分来看，其被划分为"课程"和"思政"这两个词组。其中，"课程"是指高校开设的各教学科目，而"思政"则是指思想政治教育。其次，从字面意思来看，可以将"课程思政"理解为，在各门各类课程中开展思想政治教育。在参考借鉴现有文献资料以及专家学者观点的基础上，可对"课程思政"的内涵做出如下归纳总结。第一，"课程思政"是种课程观念。强调所有高校各门课程都应承载起思政的功能，而思政也应蕴含于各门课程当中，以全面发挥各类课程对学生进行思政教育的激励效用。第二，"课程思政"是种教学理念。这一理念主要体现在遵循立德树人的任务和要求之下，在课堂教学过程中实现对学生潜移默化、隐性无形的思想政治教育，既是一种教育方法，也是一种教育理念。第三，"课程思政"是种育人实践。"课程思政"是将思想政治教育贯穿在教学各个环节、各个阶段、各个方面的生动实践。第四，"课程思政"是项系统工程。在这样一个系统工程中，需要多方主体和多种资源的共同协调配合才能更好地促进这一工程的有效开展。

概而述之，"课程思政"实质上是以课程为载体，通过找准思政教育与专业课程的内在契合点，在专业课程中融入相关思政元素，从而实现价值塑造、知识传授与能力培养的有机统一，构建一种全课程育人环境。这里的思政元素从宏观上讲，大体分为三大类：爱国情怀、个人修养以及科学观。爱国情怀主要包括对党和国家意识、社会主义核心价值观、优秀中华传统文化等的认同与坚持；个人修养包括道德、"三观"、心理等教学生如何做人；科学观包括钻研勤奋、求实求真、批判创新等教学生如何做事。对于中医药院校而言，思政元素主要包含医德教育、传统文化、职业责任、"三观"培养、医患沟通、生命伦理、仁爱思想以及科学精神等方面的内容。

2. "课程思政"的特征

（1）系统性

"课程思政"具有系统性，这里的系统性是指多方主体和多种资源的协调配合。高校在推进"课程思政"过程中，"课程思政"的建设需要各部门全体人员齐心协力、集体参与，实现全员育人、协同育人，以推动高校"课程思政"工作体系化发展。此外，大学的思想政治教育不应仅限于思政课程，而应扩展到所有学科，包括医学、法学、管理学、经济学等。为落实立德树人的根本使命，各类通识课、专业课等通力合作，共同作为一个整体协同配合，共同挖掘思想政治资源，共同发挥人文教育的效果，实现全课程、全过程育人。

（2）融合性

"课程思政"具有融合性，这里的融合性重点是思政元素和知识主体的整合。思想政治要素和思想政治教育资源包含在不同的课程中，与不同课程的知识和内容紧密相连，形成一体化的联系。各学科教师在日常备课和科研过程中要充分挖掘学科蕴含的思想政治要素，在本学科教学内容和教学过程中充分融合专业知识与思想政治要素，为提高本学科教学内容思想政治教育的感染力，要努力实现知识与价值观的融合，形成立体化的专业知识，促进高校思政课的融合发展。

（3）内隐性

"课程思政"具有内隐性，这里的内隐性是指在教学过程中以内在、隐性的方式对学生进行潜移默化的思想政治教育，以育人于无形之中。课程本身的专业知识并不具备明显的思想政治教育要素，"课程思政"要达到普及教育的效果，就必须将课程的道德情怀、政治情怀和思想教育引入课程，以无声的课堂教学方式，达到立德树人的根本目的。这种隐性的教学方式对学生来说是一种无意识的过程，但对教师来说是一种精心策划和有意识的设计。授课教师将思想、道德、政治等内容融入课程教学中，以达到于无形中教育学生的状态。

3. "课程思政"与思政课程的关系

（1）"课程思政"与思政课程的区别

第一，概念界定不同。思政课程是指专门进行思想政治教育的课程，它是思想政治教育课程和相关教育活动的总称。而"课程思政"则是指在专业课程中融入相关思政元素，以对学生进行思想政治教育的活动。其不是专指的一门具体课程，而是一种全新的课程教育理念，其特点是以所有课程为载体，贯穿和渗透学生的思想政治教育，强调全部课程的教育功能和价值，改变以往思政课程单一方面的教学结构，让各类课程的教师在传授知识同时注重价值取向。

第二，育人方式不同。思政课程采用的是直接的、显性的思想政治教育方式。思政课是大学生思想政治教育的主渠道，更注重明确的显性意识形态的传授，具有专业知识背景的教师通过系统化、专业化的课程体系整合共同的社会价值观和伦理道德，通过课堂讲座和其他方式直接教授给学生。而"课程思政"则更加注重和强调间接的、隐性的思想政治教育方式。通过潜移默化的方式，让学生在接受相关课程内在、挖掘后发现的思想政治元素的同时，接受专业知识的学习，从而达到润物细无声的效果。

（2）"课程思政"与思政课程的联系

第一，育人目标一致。"课程思政"与思政课程二者的目标和任务是一致的，都是为了落实立德树人根本任务，发挥高校育人功能，培养德才兼备的优秀大学生。二者带着这份使命和担当在高校思想政治工作中占有无可替代的重要地位。这就要求在高校思政课改革时，提高思政课教学质量，探索能有效提高学生获得成就感的教学方法，把思政课教好，使思政课的主渠道作用更容易被发挥。推动"课程思政"的不断发展和形式与内容的创新。

第二，育人方向一致。"课程思政"与思政课程二者在育人方向上是一致的，都坚持社会主义办学方向。具体来说，所有通识课程、专业课程和思想政治理论课程都必须朝着同一个方向发展，把握正确的政治方向，积极推进教书育人结合效应，团结一切力量实现协同效应，提高综合教育水平。这也是打破专业课教学与思想政治教育两者在理论与实践脱节的有力保障。因此，开展大学生思想政治教育，要充分发挥思想政治理论课的核心作用和专业课的教育功能。

二、"课程思政"的理论基础

1. 人本管理理论

人本管理主要是基于人开展管理活动的管理理论，是将人放置中心位置进行的一系列系统的、逻辑严密的管理理论和活动总称。该理论肯定了在管理活动中人起到的作用和影响，强调在开展管理工作时要重视人作为个体存在的意义。人本管理理论要求组织部门设置和结构设置等都充分考虑以人为本的理念，确保人本管理理论能够在组织的管理工作中得到充分发挥。它要求在管理过程中坚持以人为本，充分调动人的积极性和主观能动性，使其能够实现全面自由发展。社会经济发展的目的就是实现人的全面自由发展，这也是管理要实现的最终目标。这是一个长期的实践过程，这个长期的实践过程不仅需要生产力，还需要教育和学习。

中医药院校推进"课程思政"建设，人本管理理论可以作为指导理论。在教学过程中，教师要以学生为中心，尊重学生的主体性，充分发挥学生的主观能动性，转变课堂传统的注入式知识教学形式，让学生主动认识和建构知识结构，并对学生进行正确的价值引导，使其在学习专业知识的同时，提高思想道德素质，从而实现全面发展，适应时代和社会发展进步的需求。

2. 系统管理理论

系统管理理论，也就是西方学者统称的"最新管理理论"，产生于20世纪70年代，它将管理工作看作一个完备的系统，充分运用了系统论、控制理论等，并将优化管理工作作为自己的管理目标。中国古代也有类似的理论，如"天人合一""阴阳五行"等理念，都体现着系统性和整体性的思想。系统管理理论的优势在于充分运用了整体观念，将组织工作中存在的问题和管理行为视作整体开展分析研究，全局性的思考观念突破了片面思维的局限，从而能够以大局观来看待问题，既重视了组织内部问题，又兼顾着组织外部环境。

"课程思政"是一项贯穿教育教学全过程的长期系统工程。在这样一个系统工程中，需要多方主体和多种资源的协调配合才能促进这一工程更有效地开展。为调动各方积极性，统筹协调好各项资源和多方面的关系，共同构建课程育人体系，形成课程育人合力。中医药院校需要立足整体和全局，始终坚持将系统论作为开展"课程思政"建设过程中的一大理论依据，并加强与同类院校的沟通和联系，以保证"课程思政"育人格局的有效构建。

3. 有效教学理论

20世纪初，有学者提出了有效教学理论，该理论是现代教学理论的具体表现。有效教学理论指出，教师在教学过程中应当谨遵教育规律，重视激发学生的学习积极性，提高学生自主学习的能力和热情，从而达到预期的教学目标和教学效果。有效教学理论的提出是为了提高教师的教学能力，通过过程评价和目标管理等手段实现提高教学效率的目的，最终提高整体教学水平，为学生提供良好的受教育环境。良好的教学效益不在于教学时长等无效量化标准上，而在于切实地将教学时间用于完成教学任务，学生能够在教学过程中得到成长和进步。此外，有效教学理论还要求科学地将定量与定性评价、过程与结果评价灵活地结合起来，全面地开展对学生成绩和教师成果的评价工作。

"课程思政"与有效教学理论在内在逻辑上具有契合性。从教学过程来看，"课程思政"需要教师在教学目标、教学设计、教学内容等方面不断完善，以确保"课程思政"实施的有效性，这点与有效教学的基本要求相吻合。从目标要求来看，"课程思政"强调实现价值塑造、知识传授与能力培养的有机统一，这与有效教学的实现是相一致的。从评价方式来看，"课程思政"同有效教学理论一样，都注重评价的全面性、科学性和合理性，力求构建一种动态有效的评价体系和标准。

第四节 "课程思政"的价值意境与实践路径

一、"课程思政"的价值意境

课程教学是将学生培养成德才兼备的人才的主要渠道，学校所有课程都要主动达成教书育人的根本任务。"课程思政"建设不仅可以有效贯彻落实立德树人的根本要求，健全"三全育人"机制，促进学生的全面发展，还可以厚实思政教育体系、开拓思政教育形式、提升思政教育质量，体现了丰富的价值意境。

1. 全面推进"课程思政"建设是落实立德树人任务的根本要求

在"课程思政"没有推行之前，传统意义上的思想政治理论课程是我国高校完成落实立德树人根本任务的主要措施。思政课是对学生进行中国特色社会主义教育的核心课程，也是表明中国特色社会主义办学方向、传播马克思主义理论的主要载体。而"课程思政"的建设是从传统的思想政治教育经验中创新脱颖出来的教学内容的升华，是时代和社会实践协同发展的结果。"课程思政"建设要求在高校思想政治与教学工作中，把立德树人这一根本任务内化于学校教学和管理的各个方面的全过程，每一门课、每一个教学环节都要围绕立德树人根本任务进行，坚持知识体系教育与思想政治教育的协同，将专业知识培养与大学生的世界观、价值观、人生观协同发展作为课程教学的一个重要目的，不断提高学生的政治意识、品德修养和文化素质等，建成系统性的、含有德育目标的教学培养体系，实现立德树人根本任务。

2. 全面推进"课程思政"建设是完善"三全育人"机制的重要措施

高校思想政治教育工作体系的一个重要目标就是要将思想政治教育贯彻到学校教育教学的全过程中，促进全人员、全过程和全方位教育。为建设完善的"三全育人"机制，高校可以把德育工作成果作为检验学校教育教学工作的首要标准，也可以作为学校教学和行政管理岗位的职责要求与绩效考核内容。"课程思政"作为"三全育人"的重要组成部分，要求学校全体员工提高新时代人才培养质量，深入挖掘非思政课程的思想政治教育功能，从单一的思政课程扩展到各类课程，拓展育人渠道，承担育人功能，实现大学生专业知识教育和思想政治教育的有机协调，形成全人员、全过程、全方位育人格局。

3. 全面推进"课程思政"建设是培养社会主义接班人的重要途径

培养能够担当时代重任，担当民族伟大复兴大任的有志青年，不仅关系着新时代青年一代自身的各方面发展，也关系着保障党和国家事业后继有人的重大责任。一个时代有一个时代的主题，一代人有一代人的使命。作为社会主义事业的接班人，青年学生必须对中华民族伟大复兴具有正确认知和深刻认同，必须对是非问题具有准确的判断力与明辨力，必须坚持正确的思想观念，必须对时代责任具有担当精神。简而言之，就是要求学生具有扎实学识、坚定信仰、科学思维、高尚道德等时代品格。这就要求思想政治教育从根本上消除人才培养体系单一化、评价指标体系片面化、人才培养效果短期化等弊端，积极构建"课程共同体""育人共同体""使命共同体"。"课程思政"正是对这一新期待新要求的积极回应，充分发挥各学科、各课程协同育人功能，引导学生立大志、明大德、成大才、担大任，努力成长为堪当民族复兴大任的社会主义建设者和接班人。

4. 全面推进"课程思政"建设是提高思想政治教育质量的重要创新

高校课程思想政治建设依托于各门类专业课程思想政治资源的价值挖掘和渗透，将思想政治教育的目的性与知识教育和技能培训的有效性紧密结合，致力于实现铸造灵魂的高阶目标。高校思想政治教育体系涉及对青年学生世界观、人生观和价值观的教育和引导，是一项相当复杂的教育工程。高校传统思想政治教育的主体是思政课的全职教师，单一的教学主体和注重说教的知识理论灌输形式，容易引起大学生的厌烦抵抗情绪，难以达到与思政课铸造灵魂教育目标一致的效果。而"课程思政"的本质是"学科+德育"，是在专业学科教育中开展思想政治教育活动。通过重新设计专业课程教学体系，挖掘以往专业课程中未被发现或没有被有效设计开发的丰富思想政治教学育人资源，将思想政治教育以"润物细无声"的形式融入专业知识培养体系的教学中。当思想政治教育得到专业知识背景的支持，知识与兴趣相结合时，可以进一步提高学生的学习兴趣，使青年学生更容易接受和理解内容和价值取向，产生获得感。

二、"课程思政"的实践路径

"课程思政"的建设和改革是一个需要长期持续探索、深化和健全的系统工程，需要多方主体在协同推进中不断健全和完善自身并适应内外部复杂多变的新环境，建立"大思政观"的局面。"课程思政"的实践路径需要以习近平总书记在全国高校思想政治工作会议上的重要论述为指导，在学校思想政治理论课教师座谈会上的讲话精神为引领，在深刻理解"课程思政"的丰富价值内涵情况下，推进"课程思政"工作的改革创新。

1. 政府相关部门是"课程思政"实践的导航员

"课程思政"的改革离不开以政府相关部门尤其是高等教育管理机构的指引，给予领导重视、政策支持、方向指引，要根据整个"课程思政"的实施情况，适时给予各高校指导性意见，并加强对"课程思政"实施贯彻过程的监督。

（1）强化"课程思政"认知，形成全方位思政教育合力

"课程思政"是中国特色社会主义高等教育的理论与实践创新，集中体现党和国家意志，关系社会主义人才的培养方向和质量。各级各类高校需要坚持以习近平新时代中国特色社会主义思想不动摇，坚持把立德树人作为根本任务，形成同向同行、相互补充的全方位教育合力，构建起全人员、全过程、全方位育人的格局。政府相关部门也要担负起高校"课程思政"协同创新的政治责任。政治责任主要体现在宏观指导上，针对目前复杂多变的国际形势和日益复杂的意识形态斗争，要以必胜的坚定信念和高度的大局观念，切实保证高校"课程思政"协同创新作为一项政治任务来推进。

（2）注重效果，落实对"课程思政"工作的监督

政府部门需要从国家意识形态战略高度出发，将"课程思政"工作贯穿新时代人才培养体系，整体规划思政资源，加强顶层设计；并有针对性地对"课程思政"建设的过程和效果进行监督，构建专业的"课程思政"监督团队，促进"课程思政"建设高质量发展。

2. 高校是"课程思政"实施过程的教练员

"课程思政"的改革离不开以教学育人为任务的高校，高校要根据自身实际情况，充分挖掘"课程思政"资源，以构建"大思政"的目标，创新探索切实可行的建设方案。高校必须提高对"课程思政"的认识，确定目标、提升育人意识，这些都是"课程思政"科学实施的关键所在。

（1）加强主体责任意识，落实"课程思政"定位

增强高校思想政治教育工作的有效性，必须坚持党对高校思想政治工作的领导地位，充分发挥党委在高校思想政治教育工作中的重要作用。要使"课程思政"改革全面铺开推行，须将"课程思政"定位"一把手"工程，明确各级党组织的主体责任。高校要根据自身的办学传统、功能定位及教学特点，结合每个学科的发展情况、人才培养目标及教学实际等，坚持并巩固马克思主义及其最新理论成果在哲学社会科学、自然科学和人文科学领域的指导地位。

（2）建立工作协调机制，形成"课程思政"战力

在工作协同上，高校必须以"课程思政"为抓手，实现全校各单位、各部门的全方位行动，形成党委、宣传部、教师工作部等部门的统一领导。学校党委要肩负主要责任、发挥领导核心作用；学院党组织是具体的组织者、推动者；教工党支部是"课程思政"建设的坚强战斗堡垒，充分调动各级党组织的积极性和战斗力。党员教师要发挥先锋模范作用，形成教书育人的新机制和新局面。

（3）调整教学考评体系，提升"课程思政"地位

在教学过程中，坚持对融合思想政治教育和意识形态的把握情况来进行对教师的评价，制定针对思想政治教育责任落实状况的考核细则，同教师的教学业绩、教学质量评价挂钩，对教师教书育人的责任使命进行科学督导。具体来说，一要以"督"促"导"，关注"课程思政"在教学实践中的教学质量，在督导过程中及时发现问题并提供指导，同时传授分享成熟的教学经验，挖掘优秀教学课程与教学案例，提升"课程思政"教师的教学能力。二

要提高督导的权威性和影响力，将督导的反馈结果与教师的教学评价，单位的考核、奖惩等有效结合。三要完善督学管理制度，提高督导的履职水平；对于在教学过程中出现责任失误等问题，要建立教学问责制度，通过问效追责、开展岗位适应性规范培训，提升教师思想政治教育能力。

（4）开展示范课程项目建设，营造"课程思政"氛围

高校可以通过立项资助建设一批示范课程，树立起"课程思政""金课"典范，设置"课程思政"教学改革专项，在课程教学中落实立德树人根本任务，将各类课程的思政价值引领贯穿整个教学内容设计和教育教学过程。通过示范课程建设，将有设计的思想政治教育纳入专业课程教学目标，在教学过程中，深入挖掘课程中蕴含的思政元素，将其与专业知识讲授有机结合，修订完善课程教学大纲，梳理课堂教学环节，创新教学方式方法，丰富"课程思政"教学手段，完善课程配套实践教学，并改革课程考核方式。根据新教学设计制作具有"课程思政"特点的新大纲、新教材、新课件、新教案等配套的教学资源，每年度评选一批课程教学典型案例和一批"课程思政"教学名师作为示范典型，发挥示范带动作用，逐步全面推开，从而将有效经验进行传播，营造"课程思政"建设的良好氛围。

（5）打造优秀教学团队，建立"课程思政"人才优势

高校作为高等教育的重要平台，通常具有多个方向的学科专业建设团队，能够促使各个学科形成各具特色、更有深度的教育范式。高校要在满足专业教学的基础上"以点带线，以线带面"分批次、多层次发展专业教师，打造"课程思政"专业教师团队。团队成员中可以加入思想政治理论课教师，组建虚拟教研室，还可以通过开展"课程思政"讲堂、交流研讨、主题实践等活动，指导和帮助专业课教师深挖非思政课程中蕴含的思想政治元素，积累"课程思政"教学经验，将优秀的案例加以推广，最终形成比较完善的"课程思政"课程体系。课程团队定期召开研讨会、交流会，共同分享"课程思政"建设经验，提高全校"课程思政"整体建设水平；收集"课程思政"典型案例进行展览交流，出版"课程思政"教材或研究专著；开展"课程思政"集体备课和公开示范课；定期组织教师参加"课程思政"示范观摩听课活动等。

3. 教学形式是"课程思政"实践路径的线路图

教学形式会直接影响教师教学的方式和质量。知识大爆发的时代已经来临，这也导致一些传统的教学形式，无法应对思想政治教育教学过程中面临的新情况、新问题、新挑战。对此，探索出与时俱进的、符合"课程思政"

教学模式的教学形式，成为"课程思政"的建设成功与否的重要元素之一。

（1）推动与信息平台相协同，实现"课程思政"网络化

伴随教育信息化、智慧化的快速发展，互联网技术、人工智能在高等教育领域快速推广并扮演越来越重要的角色。高校应主动创新教学模式，建立"互联网+教学"范式，推进线上、线下协同育人，开辟"课程思政"育人新路径，提高思想政治教育质量。这就要求学校协同线上教学、线下教学两种不同的教育资源、合理运用两种不同形式的教育手段，达到线上教学线下合力教学育人的最优化。与传统课堂教学相比，在线教学具有时效性强、互动性强、信息快速等特点。"课程思政"教育教学的实施也需要紧跟时代步伐，着重培养年轻师资力量，实现教育的大众化及持续化。2020 年伊始，各高校通过大量线上教学资源的创制、运用贯彻"停课不停学"的原则。教育部利用网络直播的方式组织全国学生"同上一堂疫情防控思政大课"在线学习，反响热烈。"课程思政"应以此为契机，深化线上线下联动模式，全方位营造"课程思政"教学改革的浓厚氛围。

（2）推动课程教材内容改革，实现"课程思政"素材专业化

教材是"课程思政"的重要素材，是课堂教学的重要依据，是育人育才的重要依托。要想取得良好的"课程思政"教学实施效果，就要对课程的教材内容进行充分研究审定，精心设计教学教案，构建主题突出、重点鲜明的"课程思政"的教学体系。高校要加快教材建设，创新学科体系、学术体系和话语体系。同时，建立起针对"课程思政"的教材编订和审定制度，增强学生在课堂接受"课程思政"教育时的获得感。教材设计还要结合特色的教学资源，有机融入中华优秀传统文化，构建中国特色、肩负时代责任的概念范畴、理论范式和话语体系，以多种呈现方式服务于学生的个性化学习需求。要遵循教学规律和人才培养规律，推动课程教材反映专业知识与思政教育的内在联系、能够体现创新性和学科特色，富有启发性，以此来满足"课程思政"的实际教学需要。

（3）完善课程评价体系，实现"课程思政"教学管理精细化

建立科学合理、多层次、多维度的考核体系，提高课程建设与发展水平。首先，建立动态评价机制，以学生的满意度、获得感为核心指标，既注重共性，又尊重差异。任何事物的发展都是普遍性与个性的存在，统一与差异相结合，就"课程思政"而言，教育体现的教学目的的价值取向存在普遍性和统一性，"课程思政"的教学设计必须遵循普适性与个性化相结合的原则。不

仅要注重教学内容的价值取向，而且要遵循学校、学科、专业、学生、课程的差异化。其次，评价的内容应从管理手段、主体职责、资源分类和教学效果等方面入手，根据实际情况进行评价。最后，在评估方法中，我们应确保评估过程的科学公平，并尝试创新多科目参与的评估发展模式。在实践中，可以将教学管理主体进行"自上而下"评估和以学生为对象的"自下而上"评估结合起来。

（4）丰富社会实践活动，实现"课程思政"场域多样化

实践出真理，教育就是在社会生活之中促人成长。为此，高校要充分利用德育教育、智力教育、体育教育、劳动教育、美育教育等立体形式创设丰富多彩的社会实践活动，把国家需求、社会要求、时代诉求的思政教育与学生生活密切融合，在每个教育环节中潜移默化地影响学生。教学理论与课堂实践伴随着时代的发展而不断变化创新，课程中的思想政治元素可以从大量的社会实践活动中挖掘，从各学科的知识与社会实践结合度中去寻找；从社会实践出发来解释理论的形成，依据实际来修正理论逻辑。只有通过不断构建、拓展、延伸多方面实践活动，才能促进社会、高校、学生三方面形成实践检验的合力。

4. 教师是"课程思政"实践过程的驾驶员

任何教学模式的改革如果没有教师的积极参与和支持，都将毫无意义且难以成功。教师是"课程思政"不可取代的实施者，教育教学实践过程要靠教师来完成。为了体现"课程思政"在教书育人中注重知识积累和价值引导，教师需要具有与"课程思政"目标相匹配的综合素养和价值认知，这也将直接影响"课程思政"实践的效果。

（1）努力提升教师教育教学的综合素养

高校应加大对师资队伍教育的培训力度，深化非思想政治专业课教师参加思想政治教育培训渠道，鼓励教师通过主动学习相关技能，提升教育教学水平。在信息化时代，教师只有提高教育教学的信息化、智能化水平，提高媒介素养，才能在新媒体时代更好地引领学生。不仅是课程、课堂等教学载体可以对学生进行思想政治教育，教师作为给学生世界观、人生观、价值观带来重大影响的群体，本身就是极好的育人素材。当教师的理想信念坚定、道德情操高尚、言谈举止得体，知识储备渊博时，对学生也是很好的引领。在"课程思政"建设中，教师应率先垂范，以身作则，积极引导学生，向学生传递正能量，不断帮助学生建构正确的人生观、世界观和价值观。当广大

教师带着信仰、充满能量、赋予激情地进行"课程思政"的教学时，也会对学生产生无形的影响。

（2）积极转变教师对"课程思政"的价值认知

只有深刻认识到"课程思政"对整个教育体系的重要性，教师才会主动依靠"课程思政"新模式进行课程内涵的新研究与开发。非思政课程教师在讲授通识课程、专业课程知识的时候，需要明确思想政治教育在其课程中的定位，明确通识课程、专业课程的思政目标。从课程教学体系的构建角度来看，需要打破传统思想政治教育观念的禁锢，既要创新教学载体，还要深化教学内容拓展。从目前思想政治教育的现实情况来看，以往的思想政治理论课是由专业的思政教师，以特定的形式向学生教学，而其他学科课程中蕴含的思想政治教育资源很少被发掘出来，因此"课程思政"实施要转变教学思路和认知偏差。教师应端正自己对"课程思政"的认知价值，不断提高自己在"课程思政"方面新知识新理论的学习能力，不断丰富教学方式，正确认识到"课程思政"的重要性；要坚持以学生为本，结合学生特点进行科学的指引，制定出与学生专业、兴趣、需求协同相向的教学设计，还要坚持为学生服务的理念，把学生的需求作为课堂设计的主要因素，将学生的需求转化为课程中思想政治教育的中心点，充分利用现代教育技术，达到提升教学质量的效果。

（3）不断探索"课程思政"教学新范式

随着新时代的到来，教师要不断探索、创新、丰富不同课程与思想政治教育相结合的教学模式新范式，强化显性的思想政治教育中的隐性思政元素的渗透，教学内容方面要加入与新时代接轨的思政话题。教师需要在教学过程拓展学生的视野，让学生获得更加及时有效的思想政治教育内容。教师要坚定热爱教书育人的决心，全体教师要认真学习领会、贯彻落实党中央关于思想政治教育工作的相关会议精神，在教学育人过程中自觉站在中国特色社会主义事业发展、中华民族伟大复兴的层面上思考问题，为学生全面发展创造良好的学习环境，为培养社会主义现代化建设接班人贡献出新力量。

（4）深度挖掘各类学科思政资源

每门课程都包含丰富的思想政治元素，"课程思政"的实施要以每门课程的实际为基础，将"课程思政"建设与学科体系建设相结合，挖掘各学科思政资源，建立学科知识教育共同体。每门课程都有它们固有的学科属性，并且所有课程都包含丰富的教育资源和思想政治资源。因此，各学科、各课程都需要坚持以"课程思政"为指导，制定清晰明确的、符合"课程思政"的教学大纲和教学指南。一方面，"课程思政"的建设需要结合不同学科和专业的特色，确定承担育人任务的教育价值和内容，梳理和挖掘思想政治教育资源，服从学科建设，服务学科教育，共同建设学科教育系统。另一方面，"课程思政"建设应该尊重各类课程本身存在的差异性和独特性，依据课程的不同特征，例如，自然科学类的课程可以发掘科学创造过程中的创新精神和科学精神，工程类课程应发扬工匠精神和奉献精神，人文社会科学类课程应发掘人文精神，等等。在坚持学科和专业特点的基础上，吸收和借鉴思想政治教育理论课的教学经验，整合制订学科"课程思政"的教学计划，以形成"课程思政"的教学指导，为课程实践教育的实现提供指导。

5. 学生是"课程思政"实施过程的乘车人

高校、教师及学生都是"课程思政"建设的重要环节，需要三方协同合作。对于"课程思政"的实施过程而言，同样需要从学生这一环节推进"课程思政"建设的不断深化，运用系统化的整体思维，通过建立教师与学生教学共同体来促进各部分环节间的深度有效参与。

（1）发挥学生在"课程思政"教育中的主观能动性

教师要主动引导学生课堂教学活动的参与度，要给学生分配更多的课堂和课外实践活动，做好"课程思政"教学组织、设计、指导和启发工作，要让学生通过各种思维形式理解专业课程包含的思政元素，还要使学生有依靠自己的学习能力增强积极、独立思考的本领。其实教师在教学过程中并不需要直接告诉学生思政元素，而是可以先给他们提供思考的空间，让他们主动练习，并在思考和实践中去找寻知识中蕴含的价值，并获取解决问题的能力。这样，不仅可以真正地发挥学生的主观能动性，还可以充分发挥学生的想象能力和实际操作能力，提高学生综合素质。"课程思政"的课堂实践活动还要注重"接近性"，尽量将理论知识教育与学生平常生活中的事件和人物联系起来，使学生通过教育实践活动与他们密切地连接起来，让学生从活动中体验道德品格内化于心的乐趣。

（2）提高学生获取"课程思政"价值的积极性

有很大一部分的学生在接受思想政治学习的过程中会因为知识繁多、内容和教学方式的僵化以及懒惰情绪等原因，减少学习的频率和降低获取相关知识的效率，因此需要对学生建立激励体系。构建并不断完善外部奖励惩处条例，对积极参加学科知识竞赛、投身社会实践、发表学术成果等行为进行奖励。奖励体系可从对学生的立场坚定、道德评价、学业水平、行为操守等综合性方面做全面考虑。建立学生自我激励制度，通过让学生对自我管理、教育、决策、执行获得成就感，教师在此期间给予鼓励、支持及引导，解决学生遇到的实际困难。在学习过程、科研活动、社会实践活动中，教师引导学生完成相应目标，通过潜移默化的影响，激发学生自身积极向上的追求。

（3）开拓学生对"课程思政"课堂的思考力

"课程思政"的课堂，需要锻炼培养学生"想问问题""能问问题""会问问题"的能力。"想问"才能激发求知欲、探究欲，"能问"才能真正理解知识、吃透知识，"会问"才能训练思维逻辑与沟通能力。也就是说，学习是从"想问问题"到"能问问题"再到"会问问题"的过程。学习真正的起点是学会寻找"新问题"，而终点不是"没问题"。学生的积极提问有助于提高学生收集和处理信息，获取新知识、分析和解决问题以及沟通与合作的能力。因此，教师应转变教学观念，努力营造民主、和谐、开放的教学环境，使学生感受到"心理安全"和"心理自由"。同时，引导学生自学教材，提前了解自己的问题。

（4）加强学生对"课程思政"效果的转化能力

在传统的思想政治教学中过分强调了单方面的"灌输"教育，这样使得学生的主观能动性受到压制，学生难免会产生反感情绪，甚至引起潜在的逆反心理，学习效果不佳。这就要求作为"课程思政"教育重要实施者的教师转变传统的单向灌输教书育人理念，树立师生同向协作的教育观念，提高学生在教育教学方面的参与度。在教学和育人的过程中，双向互动的理念更多的是强调民主与平等，交流与沟通，设置教学与实践情境，鼓励学生参与社会活动，投身社会实践，通过人和事的接触产生共情，有效地增强思想价值的可获得性，在实践中转化"课程思政"的学习效果。

第二章

伟大抗疫精神与"课程思政"

第一节 伟大抗疫精神的思政价值分析

新冠疫情是我国近年来遭遇的传播速度最快、传染范围最广、防控难度最大的重大突发公共卫生事件。面对来势汹汹的疫情,以习近平同志为核心的党中央团结带领全党全军全国各族人民,坚持人民至上、生命至上,以坚定果敢的勇气和坚忍不拔的决心,迅速打响疫情防控的人民战争、总体战、阻击战,取得全国抗疫斗争重大战略成果,创造了人类同疾病斗争史上的奇迹。

一、伟大抗疫精神之思政教育价值

作为宝贵的民族精神财富,抗疫精神与社会主义核心价值观相融相通,是中华民族长期形成的特质禀赋、文化基因的时代传承,是珍贵的思想政治教育资源,其精神内涵蕴含丰富的育人价值,为新时代青年学生培养理想信念、爱国情怀、职业素养、责任担当意识提供了深厚的精神滋养。新时代青年学生作为中国特色社会主义事业的建设者和接班人,肩上担负着实现中华民族伟大复兴的光荣使命。在实现这一重大使命的过程中,必将历经风雨磨难,需要强化大学生价值引领,磨炼大学生攻坚意志,锤炼大学生克难本领。因此,将抗疫精神有机融入新时代青年学生思想政治教育,有利于充分发挥抗疫精神的价值引领作用,对于落实立德树人根本任务,培养担当民族复兴大任的时代新人具有重要价值。

1. 伟大抗疫精神为培养新时代青年学生爱国情怀提供了现实支撑

伟大抗疫精神是爱国主义精神的传承和发展。爱国主义是中华民族的民族心、民族魂，是中华民族最重要的精神财富。全国人民进行的抗击疫情伟大斗争，是中国共产党团结带领全国各族人民开展爱国主义实践的重要组成部分，在新时代续写了中华民族爱国主义精神的新篇章，绘就了团结就是力量的爱国画卷。面对疫情，广大人民群众生死较量不畏惧、千难万险不退缩，或向险而行，或默默坚守，以各种方式为疫情防控操心出力。有人推迟婚期一刻不停赶赴抗疫一线，有人写下战书主动请缨，有人栉风沐雨坚守岗位……无论处在什么样岗位、从事什么样职业，无数平凡人舍小家为大家、舍小我成大我。从逆行出征的身影里，我们看到了"苟利国家生死以，岂因祸福避趋之"的爱国情操；从严防死守、履职尽责的执着中，我们看到了"天下兴亡、匹夫有责"的大义担当；从雪中送炭、八方驰援的物资中，我们看到了"岂曰无衣，与子同袍"的血脉深情；从志愿服务、宅家抗疫的默默奉献中，我们看到了"家事国事天下事，事事关心"的爱国情怀。在这场世所罕见的斗争中，中国人民之所以能够勠力同心、众志成城，最根本的原因在于有以习近平同志为核心的党中央的运筹帷幄和领航定向，有习近平新时代中国特色社会主义思想这一思想之旗、精神之魂。正是有了坚强领导核心和锐利思想武器，中国人民才能在理想信念、价值理念、道德观念上高度一致，凝聚起坚不可摧的强大精神力量。正是这些平凡的英雄心往一处想、劲往一处使，把个人冷暖、集体荣辱、国家安危融为一体的爱国主义精神和新时代国家情怀，使疫情蔓延的势头迅速得到控制，经济社会发展得到有序恢复，由此形成了伟大的抗疫精神。

伟大抗疫精神充分体现和佐证了爱国和爱党、爱社会主义的有机统一，为新时代青年理解爱国主义的真实内涵提供了现实观照。新时代青年学生是时代新人的主力军，在实现中华民族伟大复兴中国梦和推进中国特色社会主义伟大事业的历史进程中，需要有深厚爱国情怀、昂扬奋斗激情的新时代青年学生为之不懈奋斗。在新时代思想政治教育实践中融入伟大抗疫精神，对于引导青年学生实现爱国情、强国志、报国行具有重要的教育价值，有助于引导新时代青年心怀天下，心怀人民，心系祖国，将个人理想的追求融入实现中华民族伟大复兴的中国梦的接力奋斗中去。

2. 伟大抗疫精神为坚定新时代青年学生理想信念创造了不竭动力

新时代青年学生是我国社会主义现代化事业的建设者和接班人，承载着国家和民族未来发展的希望。一个人的理想信念是建立在一定世界观、人生观和价值观基础上的，而伟大抗疫精神正是通过马克思主义的世界观、人生观和价值观来引领新时代青年学生树立科学的理想信念。我们党把人民生命安全和身体健康放在第一位，最快速度集中患者、集中专家、集中资源、集中救治，不遗漏、不放弃任何一个患者，最大限度地保护人民的生命安全。医护人员对隔离人员本着隔离病毒但不隔离爱的原则，为他们送去温暖，做到了不歧视、无偏见。这是以人为本的生动诠释，是仁爱精神的最深表达，也是人文精神的最好印证。伟大抗疫精神集中体现了我们党以人民为中心的价值追求，充分彰显了中国共产党人的初心和使命。

在新时代青年学生思想政治教育中融入伟大抗疫精神，让他们充分传承中华文化的精神特质和品性，将最鲜活的抗疫案例运用到课堂中，有助于引导学生树立永远跟党走的信念，有利于提升新时代青年学生的价值追求和沉淀青年学生的道德品质，帮助他们在其自身成长过程中，坚定理想信念，拥有饱满的精神状态，选择和坚守正确的道路方向，不断奋力拼搏，在应对各种风险挑战中，具有无比强大的底气和魄力，不畏艰难，奋勇前行，不断成长为社会主义的建设者和接班人。

3. 伟大抗疫精神为筑牢新时代青年学生"四个自信"厚植了底气来源

抗疫斗争的伟大实践再次证明，中国特色社会主义制度具有的显著优势，是抵御风险挑战、提高国家治理效能的根本保证。面对突如其来的疫情，基层党员、社区工作者、医务人员、志愿者、科研工作者、武警官兵等各行各业人民团结一心，把疫情当作命令、把防控当作责任，以生命赴使命，冲向疫情防控斗争第一线，用行动诠释信仰，在奉献中砥砺精神，为打赢疫情防控阻击战、保障人民生命安全和身体健康做出了重要贡献。在各方的积极配合与支持下，火神山医院、雷神山医院、方舱医院、集中隔离点等迅速建立起来。各地集中财力、物力对口支援，为打赢疫情防控阻击战打下坚实的基础。面对新冠疫情这样重大的突发公共卫生事件，中国制度的优势发挥得淋漓尽致。在党中央统一领导下，我们举全国之力有效控制了疫情的蔓延趋势，书写了疫情防控的中国经验，体现了中国特色社会主义制度的显著优势。这种守望相助的团结伟力让人民有依靠，心中有底气，生活有保障，也为培养青年学生提供了最现实、最生动、最可信的教育资源。

伟大抗疫精神确证了"四个自信"，促使中国人民更加自信地探索文明发展道路。我们必须坚定中国特色社会主义道路自信，2021 年，李克强总理在《政府工作报告》中指出，2020 年我国在全球主要经济体中唯一实现经济正增长，这是走中国特色社会主义道路积累的坚实国力的重要体现。我们必须坚定中国特色社会主义理论自信，中国特色社会主义理论在马克思主义中国化道路上不断与时俱进。党的十八大以来，形成了习近平新时代中国特色社会主义思想，这为中国建成社会主义现代化强国和实现中华民族伟大复兴提供了理论保障。我们必须坚定中国特色社会主义制度自信，中国特色社会主义制度具有显著优越性，集中体现在党的集中统一领导和公有制的主体地位。我们必须坚定中国特色社会主义文化自信，尊老爱幼、天下大同等优秀传统文化中表现出的人文关怀在抗疫斗争中得到充分体现。伟大抗疫精神充分证明，坚定"四个自信"是新时代青年学生紧跟时代步伐的指路明灯，坚定"四个自信"有利于新时代青年学生不断扩展国际视野，尊重时代规律，厚植爱国情怀，认同话语体系，同时也有利于不断唤醒、激励、提振青年，让青年深刻认识和准确把握时代发展方向和社会主要矛盾变化，不断调整自己的人生规划，使其个人的成长需求与党和国家的发展需求同频共振。

4. 伟大抗疫精神为培育新时代青年学生职业素养塑造了鲜活案例

科学精神是尊重客观规律，勇于探寻客观规律，在深刻认识并严格遵循客观规律的基础上，充分运用客观规律的理念和态度，提炼和外显为求真务实、开拓创新的职业实践素养。面对前所未知的新型传染性疾病，党中央科学决策、各地精准施策、医疗行业科学救治、在保证社会生产和生活正常运转前提下为切断传染链的全民宅居、部门行业的联防联控、社区纵横衔接的网格化群防群控等，而且无论是国家抗疫措施的顶层设计，还是医学行业的诊疗方案，都秉持科学精神、遵循科学规律、开展科学救治。抢建方舱医院、实行中西医结合治疗、多条技术路线研发疫苗、大规模核酸检测、大数据追踪溯源和全员健康码识别，所有这些措施，都体现了尊重科学治理、发现抗疫规律的伟大创造精神。这种伟大的科学精神正是对新时代青年学生求真务实、开拓创新的职业要求。

伟大抗疫精神，能够教育引导大学生树立科学观念、增强科学意识、培养科技思维、塑造求真品格，实事求是、尊重科学，在学习生活中刻苦钻研、精益求精，在推进中国特色社会主义事业的爱国奋斗中不断实现人生理想和价值；能够教育引导大学生热爱所学专业，树立严谨的学习态度，培养务实的求学精神，塑造求真的科研品格，在职业道路中敢于创新、以扎实学习为基础，不断积累专业知识的厚度、国际视野的广度、独立精神的深度，以自信自强的姿态投入时代大潮，不断在实践中检验真理、发现真理，不断修炼和提升自身的专业本领和理论水平，为将来投入社会主义伟大事业打好坚实的基础，以崇高的理想，创新的意识，无畏的勇气，成为卓越好青年，成就中华之盛世。

5. 伟大抗疫精神为强化新时代青年学生使命担当凝聚了豪迈气魄

伟大抗疫精神生成于中华民族伟大复兴的宏伟进程中，是充分体现中华民族伟大复兴无可阻挡豪迈气概的伟大精神，具有胸怀大局、把握大势、担当大任的精神气魄，正是不断把复兴伟业推向前进需要的精神，为激发当代青年的使命担当提供了强大精神力量。但是，我们必须深刻地认识到，伟大抗疫精神的形成不是一蹴而就的，它既是中华优秀传统文化的传承，又是由中国共产党人在革命、建设、改革的历史浪潮中逐渐积累起来的文化共同促成的。在疫情防控过程中，我们创造了一个又一个奇迹，取得了一个又一个辉煌战果。随着时代的变迁，这种精神依然不会消退，因为它已经融入每个中华儿女的血肉之中，将成为中华民族伟大复兴道路上不竭的动力。

当代青年是同新时代共同前进的一代，肩负着为实现"两个一百年"奋斗目标、实现中华民族伟大复兴的中国梦而奋斗的伟大时代使命。因此，为持续强化青年学生的使命担当，要持续发挥伟大抗疫精神的长效教育作用，以更广的工作视域弘扬伟大抗疫精神，用抗疫斗争中展现出的科学精神、战略思维、历史眼光、全球视野教育他们树立远大理想，练就过硬本领，做知行合一的实干家，接好历史的接力棒；引导青年一代不断增强使命意识、责任意识、担当意识，始终将伟大时代使命铭刻于心、实践于行，在担当中历练，在尽责中成长，练就过硬本领、锤炼品德修为，成为实现中国梦的中流砥柱，成为历史传承重任的担当者，为实现民族伟大复兴梦想奠定坚实的人才基础。

二、伟大抗疫精神融入高校"课程思政"建设的重要性

高校承担着"培养又红又专、德才兼备、全面发展的中国特色社会主义合格建设者和可靠接班人"的教育使命。新时代青年学生要以实现中华民族伟大复兴为己任，增强中国人的志气、骨气、底气，不负时代，不负韶华，不负党和人民的殷切期望。站在新的历史起点，向着第二个百年奋斗目标迈进之际，需要广大青年学生弘扬伟大抗疫精神，自觉投身到全面建设社会主义现代化国家的各项事业之中。"课程思政"作为当前高校思想政治教育最为广泛的路径之一，既是承载伟大抗疫精神的重要载体，也是弘扬伟大抗疫精

神的重要途径。

1. 伟大抗疫精神是丰富"课程思政"之元素的鲜活素材

伟大抗疫精神是中国精神的生动诠释,为不断增强思政课的思想性、理论性、亲和力和针对性提供了丰富资源。伟大抗疫精神既是民族精神和时代精神的充分彰显,也是社会主义核心价值观的生动实践,更是树立正确价值观的精神标杆。同时,高校"课程思政"的教学内容和元素挖掘应该根据党和国家中心工作的变化而变化,这是思想政治教育实践性和发展性的必然要求。只有将伟大抗疫精神及时、准确融入"课程思政","课程思政"的建设才能跟上时代步伐,常讲常新,常学常新。因此,伟大抗疫精神理应成为高校,特别是医药类院校"课程思政"教学设计的有机组成部分。

2. 伟大抗疫精神是提升"课程思政"塑造力的时代脉搏

教育的力量和实效性取决于教育内容和教育方式的说服力、感染力。与时代同向同行、融入时代精神、紧扣时代脉搏是提升"课程思政"塑造力的必然选择。伟大抗疫精神彰显了丰厚的教育价值,从科学精神、道德法治、生命关怀、中医智慧等方面提供了多样化且具鲜明时代特征的教育素材。中国不仅是人类命运共同体理念的倡导者,更是人类命运共同体理念的践行者。中国始终坚定地践行人类命运共同体理念,推动全球抗疫合作开启了命运与共的新征程。在这场没有硝烟的战"疫"中,中国以实际行动彰显了人类命运与共的天下情怀,这是引导新时代青年学生拓展国际视野、树立人类命运共同体意识的有利契机。因此,在"课程思政"中融入伟大抗疫精神,有助于青年学生把握时代脉搏,使他们更加准确地领会伟大民族精神的内涵,深刻理解人类命运共同体的理念,逐步养成热爱祖国、无私奉献、求真务实的美好品质。

3. 伟大抗疫精神是实现"课程思政"立鸿志的动力源泉

高校要完成好培养社会主义建设者和接班人的重要任务,就必须引导广大青年学生将正确的世界观、人生观和价值观内化于心、外化于行,将个人理想和价值的实现与国家、社会的需要自觉统一起来,把爱国之志外化为报国之行,从而形成实现"两个一百年"奋斗目标的精神动力。伟大抗疫精神是中国精神宝库中的又一重要财富,在调动积极因素、凝心聚力、攻坚克难等方面有巨大作用。青年是国家和民族的希望。在抗击新冠疫情的斗争中,青年人以不怕苦、不畏难、不惧牺牲的良好精神状态和突出表现得到了全社会的认同和赞赏,同龄人的榜样示范作用为大学生形成正确的"三观"提供了价值引导和精神力量。因此，把伟大抗疫精神融入"课程思政"也有利于引导青年学生树立崇高的理想目标，自觉将个人的命运与国家和人民的命运联系在一起，立为国奉献之志，立为民服务之志，把祖国建设的更加繁荣富强。

三、伟大抗疫精神融入高校"课程思政"的基础路径

1. 引导青年学生掌握正确思维方法

帮助学生学会用正确的思维方法思考问题、分析问题、解决问题，是"课程思政"的主要任务之一。面对新冠肺炎这种前所未知的新型传染性疾病，以习近平同志为核心的党中央把遵循科学规律贯穿到决策指挥、病患治疗、技术攻关、社会治理各方面全过程，提出"坚定信心、同舟共济、科学防治、精准施策"的总要求，以整体联动的系统思维形成全国一盘棋的疫情防控格局，以辩证思维正确处理疫情防控和经济社会发展。用最鲜活的抗疫案例作为各类课程的思政元素，就是要讲好抗疫斗争中我们对科学精神的尊崇和弘扬，引导青年学生掌握正确思维方法，以辩证方法分析事物，以系统观念看待全局，以创新思维推动发展；同时也要引导大学生主动承担个人义务，遵守社会规则，积极配合国家、社会、学校做好疫情防控工作，把个人利益和诉求置于依法治国、依规防疫的工作大局中；要激励大学生知行合一、敢于担当，通过志愿服务、社会实践、创新创业等为社会做出贡献；大力弘扬劳动精神、奉献精神、共助精神，引导学生在劳动中明白事理、养成良好习惯、升华境界，提高实践能力、社会责任感和创新精神，为终身发展奠定坚实基础。

2. 创新教学方法增强课程感染力

高校"课程思政"是立德树人的重要渠道，恰如其分地结合战"疫"主题内容，不断创新教育教学方法，能够提高课程的实效性和吸引力。例如，采取专题讲授与渗透融入情境式、案例式、体验式、启发式等实现教学讲授方法创新；以视频赏析、主题宣讲、志愿服务等方式实现教学实践方法创新；通过大数据、人工智能、虚拟现实等方式，实现教学技术手段创新；坚持主导性和主体性相结合原则，引入辩论课堂、研讨式小组学习等发挥学生主体性的教学模式，引导青年学生理性思考、理智发声。在整个教学过程中，教师发挥解疑释惑、价值引导作用。

增强"课程思政"感染力是提高教学实效性的关键。能讲道理，善摆事实，运用抗疫中的鲜活事例，讲好中国故事。例如，可以通过讲述以钟南山、张定宇、张文宏等为代表的先进事迹，医药院校还可以充分挖掘身边人、身边事，引导学生直观感受疫情防控中所蕴含的道德力量，认识到国家利益与个人利益的辩证统一关系，从道德模范身上感受他们的职业精神、职业能力、职业作风，合理规划职业生涯，提升职业道德修养。

3. 多元立体维度切入丰富育人视角

（1）树立理想信念，厚植爱国情怀

高校应深入挖掘抗疫精神蕴含的爱国主义教育资源，有组织、有计划地上好爱国主义教育实践大课。在新生入学教育和开学第一课中，结合疫情防控中涌现出来的模范人物和感人事迹，充实爱国主义教育教学的"素材库""案例库"，举办"抗疫"模范教师报告会，邀请道德模范开设道德讲堂，生动诠释爱国主义、集体主义、社会主义精神的内涵，助力立德树人。

（2）珍爱生命健康，护佑人类命运

在这场抗疫战争中，每个生命都得到全力护佑，人的生命、人的价值、人的尊严得到悉心呵护。高校要开展生命意识教育，充分用好疫情这一教育情境和教育素材，启发学生正确认识生命、珍爱生命、敬畏生命、升华生命；开展健康意识教育，引导学生学习健康知识，培育健康理念，拥有强健体魄；开展生态文明意识教育，牢固树立"人与自然命运共同体""人类健康命运共同体"的观念，尊重自然，保护环境；开展心理健康教育，通过线上谈心谈话、心理咨询热线、心理健康教育课等方式，有效筑牢大学生心理防线，培养理性平和的健康心态。

（3）增强法律意识，提高自律能力

在抗疫斗争中，14亿中国人民展现出高度的责任意识、自律观念。在弘扬伟大抗疫精神中，高校要教育引导大学生严格遵守法律法规，自觉践行法治，牢固树立法律思维方式与法律行为习惯。养成规则意识、规矩意识，学会自主学习，提高自律能力和自我防护能力。

（4）担负社会责任，倡导奉献精神

疫情期间，各条战线的抗疫勇士不畏艰险，舍生忘死，体现了厚重的社会责任感。高校要坚持不懈地做好社会责任感教育，引导学生学会正确处理个体与社会的关系，增强大局意识和奉献精神，强化斗争意识和斗争韧性，担起个体责任、家庭责任和社会责任，珍惜韶华、奋发有为，勇做走在时代前列的奋进者、开拓者、奉献者。

（5）弘扬科学精神，提升专业素质

疫情期间，很多高校聚焦药物研究、疫苗开发、快速检测、中药制剂等方面开展应急科研攻关，为有效防控疫情提供了科技支撑。有些高校积极发挥智库作用，为疫情防控提供高质量决策参考；有些高校开展科普宣传，解读疫情最新进展，增强广大师生的自我防护意识；更有很多医学院校派出医务人员支援国（境）内外抗疫一线。科研工作者高超的专业技术、医务工作者救死扶伤的仁心仁术令人钦佩。国家各项事业的发展都需要具备真才实学的人，最终战胜疫情关键要依靠科学技术，依靠掌握过硬专业技能的科技人才。

第二节 中医药院校开展"课程思政"建设的价值意蕴

一、有助于传承优秀传统文化，坚定中医药自信心

文化自信，是一个国家和民族乃至一个政党对自身所具有的文化价值的积极肯定和践行。中医药文化是我国的优秀传统文化之一，其具有的丰富内涵使其成为博大精深的中国文化中至关重要的一部分，中医药文化是中国文化软实力的重要体现，是中华民族伟大历史积淀的重要代表。中医药文化的传承与创新是中医药院校义不容辞的责任与使命。在中医药课程中对中医药文化的宣传和推广，可以使学生增强文化自信，这是中医药专业课在实现思政育人方面的自然优势。

此外，中医药院校的学科特点决定了中医药人才不仅要有科学精神和科学思维，还要重视对中国传统文化积累以及对中国传统人文精神的培养，尤其要有中医药文化自信，开展"课程思政"建设正是通过文化的感化作用，让我国优秀的中医药人才具有高度中医药文化自信。

近年来，中西医的不平等地位，或多或少地影响着中医药学生对所学专业的自信心，同时影响着他们对未来职业规划的信心，这是当前高等中医药教育亟须解决的一大重要课题。在中医药院校开展"课程思政"建设，能够在中医药专业课程中充分挖掘中华优秀传统文化资源，通过课程育人和文化育人行径，教授社会主义核心价值观和中华优秀传统文化的精髓，重视对中

医药学校学生思想和人文素养的提升。其不仅有助于引导学生了解中医药文化精髓，体会中医药文化的强大吸引力，还帮助学生建立正确的核心价值观，培养中医药思维，提升中医药文化素养，培养专业素质和敬业精神，更有助于增强当代中医药学生的文化自信，增强做中医药人的志气、骨气和底气，自觉成为中医药文化的传承者和新时代中医药的先行者，在中医药事业需要坚持创新的时代勇担重任。

二、有助于落实立德树人任务，实现人才培养目标

立德树人是高校发展的基础，是高校培养人才的基本要求。立德就是建立培养高尚的道德情操，树人就是造就高素质的人才。从古至今，教育的目标与宗旨就是要造就德才兼备的人，而德行位于首要地位。立德树人是一个具有长远意义的综合性工程，又是一个长期的教育任务。中医药院校乃至各大高校作为立德树人的主阵地，应重视营造学生成长的良好环境与氛围，以形成全方位、多维度的教育模式。习近平总书记提出，立德树人是我国高等教育发展的根本要求，而实施"课程思政"正是深入落实这一根本要求。作为新时期立德树人的一种重要途径，"课程思政"具有向中医院校学生传递知识和引导价值的双重作用，是对教育性教学思想的新时代诠释，是对教育本质价值的不忘初心。中医药院校只有树立知识传授和价值引领相结合的"课程思政"教育理念，教书和育人两者共同进步，才能有效地落实立德树人根本任务。

为中国特色社会主义建设提供卓越的人才，是我国各级各类高等院校肩负的重大任务与责任，也是我国教育事业发展的初衷。在中医药院校开展"课程思政"，有利于充分发挥课程教学这一主要途径，深入挖掘中医药中蕴藏的传统文化、生命伦理、医家道德、仁爱思想等思政资源和元素，把知识传授与思想政治教育有机地结合起来，使学生的人文知识内化，道德品质得到升华，让学生在教学过程中体验高尚的道德生活，在全面发展的过程中完成专业课知识的学习，从而培育出一批具有优良的医德，深厚的文化素养，高尚的理想信念，坚定的政治信仰的优秀中医药人才，实现中医药院校的人才培养目标。

三、有助于拓展学科内容深度，营建温度课堂环境

高校的各类学科教师在充分挖掘本专业包含的思政元素和思政资源的同

时，也极大地丰富了该课程的教学内容，从而使专业课内容更具广度和深度。具体来说，在专业的教学中，教师仅仅是将课本和专业技能原封不动地教授给学生，而在"课程思政"中，教师要充分挖掘出专业知识蕴含的思政内涵，比如，涉及爱国情怀、生命伦理、职业操守、仁爱思想等思想政治内容，这样的教学方式，使这门学科的教学内容更加丰富，专业教学的广度也得到了极大的拓展。除此之外，"课程思政"的价值导向使学科内容更加深入，"课程思政"把专业课程从单纯强调知识传授和能力培养的方向拉到了注重价值导向这一正轨上来，因地制宜，根据专业课具有的特点，将其与思想政治教育完美结合，拓展了学科内容的深度。

医学是自然科学领域中最具有温度的学科，在中医药院校开展"课程思政"建设有助于为中医药学科增添人文气息，营造有温度的课堂环境。"课程思政"要求在课堂教学中，学科任课教师不仅教授学生专业知识和专业技能，还教学生知识和技能背后的精神内涵，讲述知识和技巧的相关故事，传达知识和技巧背后的精神力量，在以理服人的同时，还能打动人心，这会使得课堂内容更加立体，课堂氛围更具温度。以《药用植物学》落实"课程思政"为例，在教学过程中教导同学尊敬和爱护植物，在做试验之前要有一份感激之情，上课时做到严肃安静，保持认真的态度把握好每一次学习机会。通过植物转化为药物，挽救人的生命，激发学生思考生命的意义，让学生对生命产生敬畏，学会感恩，进而发自内心产生对正确价值观念的认同。

四、有助于培养学生情怀责任，提升思想道德素质

对于学生而言，大学是树立正确三观、养成良好品行、培养情怀责任、提升自我素养的关键阶段，然而当今大学生的价值观在很大程度上受到了社会环境的影响，在这个时期，大学生必须有正确的思想指导，才能走好这最关键的一步。这要求各类高校把大学生思想政治教育贯穿在整个教学生涯中，深入贯彻习近平总书记德育为先的思想，帮助学生树立正确的三观，提高学生未来的社会竞争力，使他们在获得科学知识和文化知识的同时，具备良好的思想品德，进而促进他们的全面发展和成才。而"课程思政"正是实现这一要求的重要方式，它注重在学科建设中全面发掘思想政治元素和内容，在课堂活动中融入价值观教育，帮助学生建立正确的核心价值观，提升自身思想道德素质。

高等中医药学校作为国家培养新一代中医药人才的场所，在培养学生人格和道德情操方面具有举足轻重、不可替代的作用。由于"课程思政"本身具有系统性、融合性、内隐性等特征，会使大学生的思想政治教育工作进展得更加方便。中医药院校的各大学科、各类课程蕴含的思政资源和元素是丰富多样的，专业课教师可以充分利用其中包含的丰富思想政治教育的资源，对其中的各种案例进行分析等，发挥育人的功能效用。将思政的内容融入专业课，会使思政教育更加有力，有助于培养学生的情怀感、责任感和使命感，使学生对自己的职业道德有更多的了解和坚持，在学习专业知识的同时提升自身道德素养，努力成长为一名德才兼备的高素质中医药人才。

第三节 江西中医药大学开展"课程思政"建设的实践措施

"课程思政"不是专门的思政课程，也不是一次专门的活动。在专业课中开展思想政治教育讲究的是结合不同学科、不同专业课程的特点和要求，把习近平新时代中国特色社会主义思想、社会主义核心价值观、伟大抗疫精神等如水滴一般，一点一滴浸润学生的心田，让学生真正成长为有理想信念、有责任担当、德智体美劳全面发展的社会主义事业建设者和接班人。

近年来，江西中医药大学按照习近平总书记的重要指示要求，紧扣立德树人根本任务，着力构建大思政工作格局，不断完善全员、全过程、全方位育人体系，推动"课程思政"与思政课程同向同行、协同育人，努力培养造就一批批德才兼备的社会主义现代化建设需要的合格人才。

一、坚持立德树人根本"守初心"①

近年来，江西中医药大学认真学习贯彻习近平总书记关于教育的重要论述和全国教育大会精神，围绕"培养什么人、怎样培养人、为谁培养人"这一根本问题，践行为党育人、为国育才初心使命，坚持守正创新、久久为功，以育人效果为核心，坚守课堂教学"主渠道"，锻造教师队伍"主力军"、筑牢课程建设"主战场"，着力夯实课堂改革的"基础层"、培育国家项目的

---

① 江西中医药大学. 五年看变化丨教务处：全面深化教育教学改革 持续提升本科人才培养质量 [EB/OL]. (2022-04-25). 江中新闻网.

"示范层"、打造专业思政的"引领层"、构筑优秀师资的"保障层",致力构建"一核四层"的"课程思政"育人新体系。

学校先后出台《全面推进课程思政建设实施方案》等系列文件,全面推动思政教育与专业教育相融合,深入从红色革命文化、绿色生态文化和传统中医药文化中挖掘提炼思政元素,建设了"课程思政"优秀教学案例库、中国革命精神谱系思政立体课堂及以"红医精神"为核心内容的虚拟仿真教学体验馆,"大中小学一体化"中医药文化育人模式入选教育部高校思政工作精品项目、全国高校思想政治工作优秀案例。弘扬伟大抗疫精神,创新"开学第一课""复学第一课""我的抗疫故事"等线上思政课教学形式,组织抗疫一线教师建设"中医抗疫大家谈"课程,入选省级金课。"高等教学思政课情景教学创新与实践"项目获省教学成果二等奖。育人实效凸显,学生综合素质显著提升,涌现出一批国家"向上向善"好青年先进典型。

二、强化课程建设基础"担使命"

"课程思政"建设的根本基础在"课程"。没有好的课程建设,"课程思政"功能就成为无源之水、无本之木。为此,尊重课程建设规律,切实强化课程建设质量、丰富课程建设形式是"课程思政"建设的根本基础。

1. 组织开学第一课①

江西中医药大学为认真落实习近平总书记关于疫情防控系列重要讲话和指示批示精神,贯彻落实教育部、省教育厅统一部署,特调整教学方案,确定于 2020 年 2 月 24 日全面开始线上教学。为切实做到"停课不停学、停课不停教、停课不停研",教育引导全体师生直面挑战和考验,了解疫情及抗疫形势、中医药参与防疫及学校组织抗疫情况,激励师生树立爱国、担当、奉献精神,强化中医信念与医学精神,激发为天下苍生而奋力教学、努力学习的热情,江西中医药大学决定直播"开学第一课"。

"疫情发生后,我们失去了很多:生命、健康、财富……但与此同时,我们也收获了很多:大爱、责任、担当……我们为数万名感染者感到揪心,为上千名病逝者痛心和哀悼!我们更为无数不惧生死、不计报酬,奋战在抗击疫情一线的守护者感动、激励!"时任校长左铮云教授,用这样一段深情告

---

① 江西中医药大学 . 2020 年开学第一课:校长授课 把疫情当教科书 [EB/OL]. (2020-02-24). 江西中医药大学人事处网.

白，开启了 2020 年春季学期"键对键"开学第一课。

"学校党政积极响应省委省政府号召，在确保每一位师生生命安全的同时，充分发挥中西医结合治疗优势，切实推进中医药全过程深度介入新冠肺炎的救治工作。组织专家及时制定和发布了第一、第二版《江西省新型冠状病毒感染的肺炎中医药防治方案》，积极探索应用中药汤剂、热敏灸、艾熏疗法、中药精油芳香疗法、中药香囊、中医健身气功等多种形式和方法防治新冠肺炎；派出 9 批次共 51 名医护人员驰援湖北武汉、随州和江西新余；仅用 3 天时间就把附属医院抚生院区改造成全省中西医结合救治定点医院。"

"疫情面前，我们每一位老师、每一位同学，真正做到了风雨同舟、携手共进，把疫情变成教材，把困难化为动力，保持良好积极的心态，构建科学的世界观、人生观和价值观，大力弘扬爱国爱民的奋斗精神和爱国情怀。"

"医者仁心""赤诚大爱""无私奉献""爱国""民族""奋斗"……这一个个关键词，包含的是江西中医药大学人的担当与使命。这个课堂，没有煽情、没有渲染，有的是一个个案例、一组组数字、一张张画面，却深深打动着屏幕前的万千师生。

2. 开设复学第一课①

"我们要积极响应党中央的决策部署，时刻绷紧疫情防控这根弦，扎实推进师生返校复学相关工作，把失去的工作学习时间抢回来，用奋斗的青春记录人生这段特殊的时光。"2020 年 5 月 18 日，时任江西中医药大学党委书记陈明人教授开讲"复学第一课"，充分利用战"疫"教材，深度提炼战"疫"育人元素，一手点亮战"疫"思政课，为返校复学的师生送上一道"精神大餐"。数千名江西中医药大学师生通过线上线下相结合的方式，同步聆听了这堂"思政大课"。

在江西战"疫"中，江西中医药大学按照省委、省政府"不断完善诊疗方案，坚持中西医结合"的总体工作要求，探索实践了独特的中医药战"疫""江中智慧，江中经验，江中药方"。

"代茶饮方、艾熏消毒、防疫香囊……"2020 年 5 月 9 日，第一批平安返校的江中学子收到了学校的"浓情大礼"后直呼"感动暖心"，江西中医药大学在做好常规疫情防控工作的基础上，注重将中医药在疫情防控阻击战中

---

① 欧阳苗 . 江西中医药大学：党委书记开讲"复学第一课" ［EB/OL］.（2020-05-20）. 中国江西网 .

的成功经验，融入学生返校复学工作，让中医药为复学返校保驾护航。

作为中医药学子，如何坚定理想信念，以昂扬的斗志投身强国伟业？讲课中，陈明人给出了自己的思考：一要做一个"信仰者"，坚定理想信念，勇担时代重任；二要做一个"修行者"，珍惜宝贵时光，努力增强本领；三要做一个"开拓者"，发扬创新精神，崇尚科学技术；四要做一个"践行者"，听从统一指挥，做好抗疫表率。

3. 开展"我的抗疫故事"宣讲会①

声声传情，句句动人。2020 年 6 月 8 日下午，"我的抗疫故事"宣讲会在立德楼分三个会场同步进行。来自江西中医药大学 3 所附属医院的王万春、刘涛、黄仙保、余知依、万松、万芬、彭红星、罗丹、余小燕 9 位"抗疫英雄"，用满含深情的语言讲述了一个个"悬壶入荆楚，白衣作战袍"的真实的抗疫故事，给在场师生上了一堂别开生面的战"疫"思政课。

图 2-1　学校领导与"抗疫英雄"座谈

时任党委副书记赵恒伯到场聆听并在宣讲前亲切会见宣讲嘉宾，赵恒伯指出，在这次抗击疫情战役中，习近平总书记亲自指挥、亲自部署，运筹帷幄、总揽全局，发挥了定海神针和中流砥柱的作用，中国特色社会主义制度

---

① 梁加均 别样的思政课！援鄂医疗队员走进江西中医药大学宣讲战疫故事［EB/OL］．(2020—06—10) 大江医疗网．

的显著优势，集中力量办大事的强大动员能力、调度能力、管控能力得到极大彰显，全体中华儿女万众一心、和衷共济尤其是广大医护人员义无反顾、忘我工作，各级各类医疗资源协调联动、协同发力，发挥了强有力的"尖兵"作用，中医药参与抗疫的广度和深度都是空前的，取得的效果是显著的。在此次抗疫中，江西中医药大学累计派出 9 批次 51 名医护人员驰援湖北，组建全国除武汉外唯一一家省级中西医结合定点医院，派出 6 位同志参与中国政府赴乌兹别克斯坦联合工作组，体现出了江中医人的责任与担当，以实际行动向社会交出了一份合格的抗疫答卷，受到上级部门和社会各界的高度评价。

图 2-2　9 位江西中医药大学"最美逆行者"讲述"我的抗疫故事"

"守土有责、守土负责、守土尽责"，党委委员、党委宣传部部长薛铁瑛在谈起举办此次活动的初衷时表示，"将思政课堂与战'疫'紧密结合起来，用好重大事件'活素材'，让思政教育在疫情防控期间力度不减、效果不弱，引导学生在战'疫'中培养新时代青年责任与使命担当，铸牢爱国主义情感认同与行动自觉"。

4. 同上一堂战"疫"思政课①

2022 年 5 月 6 日下午，江西中医药大学抗疫一线的 10 位师生代表担任故

---

① 江西中医药大学 江西中医药大学：同上一堂战"疫"思政课　用战"疫"故事厚植爱党爱校情怀［EB/OL］.（2022-05-06）. 江中新闻网.

事讲述人,将战"疫"故事与伟大抗疫精神作为第一手教材,让战"疫"故事从现实走进思政课堂,在"云端"为全校学生上了一堂鲜活生动的线上"大思政课"。

习近平总书记在 2021 年两会期间提出"'大思政课'我们要善用之,一定要跟现实结合起来"。疫情防控一线的亲眼所见、亲身实践,就是思政课最好的"活教材"。在这堂战"疫"思政课中,讲述人声情并茂地讲述了江西中医药大学师生如何用实践诠释伟大抗疫精神,用一个个鲜活的案例给同学们带来一次心灵的启迪、思想上的洗礼。

阳明校区疫情防控网格长、国家工程研究中心党总支书记张文铣,讲述了阳明校区师生同心抗疫的坚守与付出;校医务所主治中医师、校直属机关第二十一党支部书记熊雯雯讲述了医务所保质保量完成 2 万名师生 30 多轮核酸检测的责任担当;药学院药理教研室教师殷玉婷讲述了学校教师疫情之下如何保障线上教学提质增效;保卫处治安消防科徐耀讲述学校保安人员的"小我"和"大爱";资产管理处汪蕾讲述资产管理处 40 余天 24 小时坚守为学校疫情防控筑牢物资保障线;后勤集团明月餐厅管理员郭红兰讲述疫情下江中医后勤人员为保障留校师生吃穿住行的默默付出;产学研服务中心方婷讲述学校日均几千件快递的"人物环境同防";临床医学院辅导员黄玛珑讲述学校辅导员连续奋战在第一线,做到防控安全网不断线、学生思想政治教育不断线;巴基斯坦留学生志愿者法迪讲述学校国际学生疫情下"我是外国人但不是外人"志愿服务事迹;研究生院学生第五党支部书记程方安讲述了学生党员志愿者用自己的方式为校园疫情防控贡献青春力量的默默付出与坚守。一场众志成城抗击疫情的较量正在江中医校园进行,江中医师生在各自的岗位上舍小家、顾大家,以"小我"写"大爱",迎难而上,攻坚克难,他们是新时代平凡岗位上的平凡英雄,他们用初心使命绘制出同心战"疫"的全景画卷,共同筑牢疫情防控的校园安全防线。

聆听了本次思政课,同学们纷纷表示受益匪浅,更加深刻地感受到江中医人在疫情防控中众志成城、携手共进的磅礴力量。大家纷纷表示,作为青年学子,要做到在感恩中奋进,在历练中成长,在成长中蜕变!坚信疫情过后,我们将迎来云散日出的美好和破茧成蝶的欣喜。

图 2-3　同上一堂战"疫"思政课宣传海报

2022 年 3 月，新一轮疫情发生以来，江西中医药大学全力做好疫情防控工作，坚守育人初心使命，落实立德树人的根本任务，结合疫情防控工作有针对性地开展大学生思想政治教育。搭建抗疫"云课堂"，建好思政大课主阵地，讲好线上战"疫"思政课，面向全体学生开展"云端"微班会、战"疫"大思政活动等；精准密织"防控网"，实行育人网格化管理，构建了"学校、学院、班级、宿舍"四级联防联控工作体系，实现了事事有人抓、件件有落实、时时有回声；凝聚青春"正能量"，用行动诠释使命担当，组织丰富多彩的校园文化活动，学生党员志愿者参与疫情防控工作，利用清明节、劳动节、"五四"青年节等开展主题思政教育活动；以学生为中心，守护学生身心健康，辅导员留守校园 24 小时在线为同学排忧解难，心理健康咨询中心开设心理健康绿色通道，发布心理健康系列宣传教育，帮助同学们驱散疫情"心霾"，筑起心理防疫屏障。

三、加强学习培训研讨"促氛围"

实施"课程思政"教育教学改革，是在尊重课程自身建设规律的前提下，在实现课程的知识传授、能力培养等基本功能的基础上，挖掘并凸显其价值引领功能。对于大部分专业课教师而言是一项新鲜事物，需要经历逐步认知、认同、认领的过程。江西中医药大学及时启动一系列教育培训、交流学习、座谈研讨活动，营造全校"课程思政"教育教学改革氛围，做到思想不滞后、理念不滞后、行动不滞后。

1. 举办"课程思政"学术报告会

2018 年 4 月 20 日，在学校开展第十四届教学活动月之际，学校举办"课程思政"学术报告会。报告会邀请了上海中医药大学杨柏灿教授和张黎声教授做讲座。

杨柏灿教授以"思政教育在中药学教学中的实践探索"为题，把我国优秀传统文化，如道家养生文化、儒家养生文化、汉字文化、饮食文化、节气文化等融于中药学的教学中，让同学在潜移默化中增强对祖国优秀传统文化的热爱和自豪感。

张黎声教授以"一线教师如何开展专业'课程思政'工作"为题，从"'课程思政'的五个环节""如何设置'课程思政'的目标""思政目标与专业课程的融合问题""如何引导学生积极参与和体验""如何评价'课程思政'的效果"等方面阐述了自己的教学经验和教学成果。

两位教授一致认为每一名教师都有育人的职责，每一门课程都有德育功能，专业课程的思政教育是必需的也是可行的，"课程思政"可以在不同的形式、不同的场合切入，"课程思政"的融入应该是非常自然的、无痕的。

全校近百位教师参加了本次学术报告会，教师还就"课程思政"教育中的疑惑与专家进行了交流。

2. 举办"课程思政"专家讲座

2019 年 10 月 18 日，学校举办"课程思政"专家讲座。邀请江西师范大学邓久根、符可两位教师做"课程思政"主题讲座，旨在加强与省内"课程思政"优质师资代表交流学习，提升江西中医药大学"课程思政"教育质量。

邓久根老师以"'课程思政'与《经济思想史》说课示范"为题，从自身对思政的认识如何发生变化到直接以"经济思想史"为课程案例把如何将思政要素融入教学目的、教学方法、教学过程中去，如何进行教学效果评估等一一进行讲述，做到自然融入，步步深入学生内心。为教师的"课程思政"说课做了很好的示范。

符可老师以"专业课程融入思政要素的教学理念和设计及实践应用"为题，从"课程思政"的"概念与内涵"、专业课程融入思政要素的教学理念和设计、"国际市场营销学"课程融入思政要素的实践应用三个方面引领教师一步步走入将专业课程与"课程思政"相融合的殿堂，让学生从看中学、读中学、练中学、问中学，润物无声。

图 2-4　"课程思政"学术报告会海报

　　来自不同学院参加讲座的教师结合不同专业就专业课程与思政元素如何融合等问题与专家进行了充分交流。

图 2-5　"课程思政"专家讲座现场

3. 承办"课程思政"建设研讨会

由教育部高等学校中药学类专业指导委员会、中华中医药学会方剂学分会主办，江西中医药大学承办的高等学校"方剂学"课程联盟成立会议暨方剂学"课程思政"建设研讨会于 2019 年 12 月 19—20 日在瑞金召开。来自教育部及全国 26 所高等院校的专家参会。学校时任校长左铮云说："此次会议既是一次经验交流，更是全面加强《方剂学》'课程思政'建设的动员会。今后，我们将继续探索挖掘方剂学教学中的思政元素，丰富方剂学'课程思政'的有效实施路径，及时总结在方剂学'课程思政'实施中取得的实践经验与成果，共同推动方剂学'课程思政'建设不断取得新的进展。"会上，江西中医药大学马克思主义学院教师应邀做了专题报告，随后来自全国的与会专家就方剂学"课程思政"建设进行了汇报和交流。

4. 参加全省"课程思政"建设能力专题培训①

2021 年 8 月 21—22 日，江西省教育厅组织开展了江西省高校专任教师"课程思政"建设能力在线专题培训。江西中医药大学组织全校任课教师参加了"课程思政"4 个专题的在线专题培训，学习人数达 1200 余人次。

图 2-5　江西中医药大学承办高等学校《方剂学》课程联盟成立会议暨方剂学"课程思政"建设研讨会

---

① 江西中医药大学 学校组织参加全省"课程思政"建设能力专题培训 [EB/OL]. (2021-08-25) 江西中医药大学人事处网.

本次培训包含4个专题："明理 悟道 育新人——贯彻'课程思政'教育理念的思考和实践""育心明德、道术相济，建构信息技术与教育教学相融合'课程思政'之路""专业层面'课程思政'体系的构建与实践""'课程思政'建设的思路与落地路径"。通过两天的在线学习，教师普遍反映收获颇多，体会深刻，纷纷发表了感想和感言，通过此次培训，对"课程思政"的内涵和实践有了更加深入的理解，为如何开展"课程思政"建设指明了方向，为立足学科专业特色发挥专业"课程思政"育人功能提供了可借鉴的教学思路和方法，收获颇丰。

5. 参加教育部"高校教师'课程思政'教学能力培训"

2021年11月24—26日，教育部开展高校教师"课程思政"教学能力培训。江西中医药大学组织全体一线教师及教学管理人员（含兼职教师）参加学习培训。培训采用线上方式开展，学校在培训时间内开放教室组织集中学习。本次培训邀请了教育部高等教育司司长吴岩等专家就"课程思政"政策解读、中央与地方高校的组织与实施、不同类型高校的探索与实践等共13个主题展开。为江西中医药大学进一步把握"课程思政"政策，根据不同学科类别推进"课程思政"改革提供了方向指引和经验借鉴，进一步提升了江西中医药大学教师育人意识和教学能力，全面推进"课程思政"建设。

图2-6　江西中医药大学教师参加培训的结业证书

6. 举办"课程思政"示范课暑期专题培训活动①

2021 年 8 月 18 日，江西中医药大学高等教育研究中心、教师发展中心、党委教师工作部、研究生院和教务处联合举办"课程思政"示范课培训暨第九期"云师道"教学沙龙。活动特邀国家级思政课程示范课、教学名师和团队负责人石礼伟教授做题为"'课程思政'教学设计和示范课程申报解读——以《普通物理》课程为例"的分享。活动采取腾讯会议直播的形式开展，150 余名教师参与。

石礼伟教授的报告系统介绍了"课程思政"的设计理念，深刻分析了"课程思政"的建设思路和教学路径，全面分享了优秀思政实践经验。他表示，要深入挖掘学科内含的思想政治理论，转变传统思政教学模式，强化专业课程的思政理念；要探索多元教学方法，发展创新"课程思政"模式体系，不断提高课堂魅力，结合在线课程推进研讨式教学，对江西中医药大学教师开展"课程思政"教学产生了深刻启发。参会教师表示，将进一步贯彻"价值塑造、知识传授、能力培养"融为一体的育人理念，并将价值塑造放在首要位置，将思政教育融入专业教育，全面提高自身的"课程思政"能力，以身示范，实现思政教育的如盐入水、润物无声。

四、组织训练提升能力"建队伍"

"课程思政"建设的关键在教师。教师是教书育人实施的主体，也是课堂教学的第一责任人。"课程思政"建设要靠教师去落实，首先考验的是教师的育德意识和育德能力。建设一支具有自觉"育德意识"和较强"育德能力"的教师队伍，是确保所有课程"同向同行、协同育人"的人才资源保障。

1. 开展青年教师"课程思政"教学能力展示活动

为提高学校青年教师的"课程思政"教育教学能力，帮助青年教师更快、更好地成长，建设"课程思政"师资，2018 年 3 月 30 日，由经济与管理学院承办，江西中医药大学开展青年教师"课程思政"教学能力展示活动。

为保证对讲授者的评价科学合理，此次活动专门设置了教师评委和学生评委并制定了科学的评分标准。活动共有来自全校 14 名青年教师参加，选手们精心准备，重点展示了他们将思政元素与专业课程融入的精彩设计。此次

---

① 江西中医药大学 学校举办课程思政示范课暑期专题培训活动 [EB/OL]. (2021-08-20). 江中新闻网.

活动充分展示了江西中医药大学青年教师的风采，提高了江西中医药大学青年教师的教学能力和德育水平，在帮助广大教师深入贯彻落实将思想政治教育融入日常教育教学全过程上收到良好成效。

2. 举办"课程思政"案例设计大赛

为提高江西中医药大学青年教师的教育教学与"课程思政"能力，帮助教师更快、更好地成长，增强江西中医药大学专业课程的育人功能，2018 年 5 月 18 日，江西中医药大学教务处和经管学院举办了"课程思政"案例设计大赛。

在前期预赛的基础上，来自各学院的 15 名教师进入决赛。为了保证对参赛者的科学评价，主办单位邀请了华东交通大学马克思主义学院和江西警察学院思政部两位校外专家及校内三位专家共同担任本次大赛评委。选手们精心设计，很好地将思政元素融入专业课程的教学案例中，努力做到育人润物无声。答辩环节，各位选手从切身体会和教学构思的角度，回答专家的提问。

此次大赛充分展示了江西中医药大学教师的"课程思政"教学案例设计与运用能力，进一步丰富了"课程思政"教学的手段与方式。

3. 举办"课程思政"教学说课培训①

2020 年 9 月 25 日下午，学校教务处携手经济与管理学院举办"课程思政"教学说课专题讲座。讲座邀请了江西师范大学陈志华教授和我校中医学院陈乔副教授。

图 2-7 陈乔副教授讲座现场

---

① 江西中医药大学 学校举办课程思政教学说课比赛专题讲座［EB/OL］.（2020-09-29）. 江中新闻网.

陈志华教授做了题为"教研相融润物有声——漫谈'说课'"的演讲，从说课的规范、说课的内容、说课的特色三个方面展开论述，案例生动有趣，文理兼具、意趣兼美、彰显个性。

陈乔副教授做了题为"思政元素与专业课融合的策略及'课程思政'说课比赛实际分享"的演讲，从如何寻找思政元素、如何挖掘思政元素、如何将思政元素与专业课融合等方面着手，以现身说法来引导教师如何准备、做好"课程思政"的说课。

来自不同学院的60余位教师参加了此次讲座并与专家进行了充分交流。

五、分类实施重心下沉"抓落实"

"课程思政"建设的重心在院部。"课程思政"教育教学改革，既要求转变教育观念，也要求优化教学内容、创新教学方法，而且涉及全校各类各门课程。各学院应在人才培养方案制订、开展专业建设和课程改革、组织教育教学活动、开展教师培训、加强教学管理和考核、保障教学质量等方面充分发挥作用。近年来，"课程思政"的建设和实施，也成为江西中医药大学院部内涵建设的重要内容。

1. 基础医学院举行中西基础医学"课程思政"课设计大赛①

基础医学院秉持"全面思政教育、立体思政教育、创新思政教育"理念，主动转变思路，于2018年5月4日举行了中西基础医学"课程思政"课设计大赛，为学院"课程思政"试点课程建设搭建交流展示的舞台，努力探索适应学校新时代发展立德树人的"课程思政"改革路径。

本次教学比赛学院共有12名教师先后登上讲台进行说课。参赛教师从自己的课程特点出发，展示各自的思政课课程设计，深入挖掘了课程蕴含的思想政治教育元素和承载的思想政治教育功能，使中西基础医学课程与思想政治理论课程同向同行，实现"知识传授"和"价值引领"有机统一，展示了各自的教学风采和理论功底。

基础医学院全体教师观摩了本次比赛，赛后有教师表示体会到以专业技能知识为载体加强大学生思想政治教育，比纯粹思政课更有说服力和感染力，可以最大限度发挥课堂主渠道功能，专业课程重教学、轻育人的情况。

---

① 江西中医药大学. 基础医学院举行中西基础医学课程思政课设计大赛 ［EB/OL］. (2018-05-07). 江西中医药大学中医学院网

2. 经济与管理学院举办"课程思政"教学征文与说课比赛决赛 2020 年 11 月 15 日，由学校教务处主办，经管学院承办的"教学活动月"活动暨第二届"中国梦·劳动美"岗位练兵系列教学技能竞赛——"课程思政"教学征文与说课比赛决赛如期举行。

此次决赛邀请了江西财经大学、南昌大学两位专家和校内三位专家担任评委。选手们尝试从教学研究和教学实践两个不同但又相互关联的角度探究"课程思政"教学改革。本次比赛是对江西中医药大学教师"课程思政"教学综合能力的一次集中展示，为提升江西中医药大学"课程思政"教学水平，努力构建"全员育人、全程育人、全方位育人"的思想政治教学工作体系起到了良好的示范作用。

3. 临床医学院召开"课程思政"建设研讨会①

2021 年 9 月 3 日，临床医学院召开了以"医学专业课'课程思政'建设"和"中医药与'课程思政'"为主题的"课程思政"建设研讨会，临床医学院副院长、各教研室主任、秘书及骨干教师六十余人参会。

图 2-8　陈冰瑶老师比赛现场

会上，学院副院长薛汉荣做了"课程思政"建设主旨发言，指出"课程

---

① 江西中医药大学. 临床医学院召开"课程思政"建设研讨会［EB/OL］.（2021-09-05）. 江中新闻网.

思政"建设始终要以习近平新时代中国特色社会主义思想为指导,践行全面贯彻党的教育方针、落实立德树人根本任务。要把"课程思政"融入课堂教学全过程,将价值塑造、知识传授和能力培养三者融为一体,助推学院"课程思政"建设取得更好的成绩,促进专业课与思想政治理论课同向同行,进一步夯实专业思政建设,努力培养德智体美劳全面发展的社会主义建设者和接班人。

教研室主任代表中医骨伤学教研室负责人分享了"课程思政"建设体会,各参会老师分享了江西省高校教师"课程思政"建设能力专题培训感悟和心得,围绕"课程思政"建设内涵,积极建言献策,挖掘江西中医药大学各类课程和教学方式中蕴含的思想政治教育资源,研讨中医药临床课程和临床医学课程"课程思政"建设。

4. 中医学院组织全院教师参加全国医药学研究生"课程思政"建设工作研讨会① 2021 年 12 月 30 日上午,中医学院组织全院教师参加全国医药学研究生"课程思政"建设工作研讨会(直播视频会议)。

通过参加此次研讨会,中医学院全院教师充分认识到了在研究生教育中开展"课程思政"建设工作的重要意义,深刻理解"课程思政"工作的内涵和实质,明确了研究生"课程思政"教育目标,确保专业课程中的思想教育与思想政治理论必修课程同向同行,探索建立交叉融合、协同育人的新模式,培养学生爱国情怀和使命担当;学习了其他高校推进"课程思政"的先进经验和好的做法。教师们表示,在今后的研究生教学工作中,将进一步整合资源,形成合力,加强团队合作,推进学院研究生"课程思政"建设取得实效。

---

① 江西中医药大学. 中医学院组织全院教师参加全国医药学研究生课程思政建设工作研讨会[EB/OL].(2021-12-30)江西中医药大学中医学院网.

第三章

伟大抗疫精神与卫生管理人才的培养

当前，我国老龄化形势日益严峻，慢性病患病率与发病率持续攀升，新发传染病流行，突发卫生管理事件频发，环境污染加剧等给我国卫生健康事业的发展带来了严峻挑战。与此同时，"全民健康"与"全球健康"等概念的提出，"一带一路"卫生合作战略布局、"大健康""大卫生"观念的形成、"健康中国"上升为国家战略等，也为我国卫生健康事业的发展创造了新机遇。其中，高素质的卫生管理人才培养是提供高质量卫生管理服务、提升全民健康素养的有力保障。而我国高等院校公共事业管理（卫生管理）专业是培养卫生管理人才的基石专业，其重要程度日趋明显。

第一节 卫生管理人才的培养目标

根据教育部发布的全国高校数量统计数据，截止到 2020 年 6 月，我国单学科的医科大学、医学院、医学高专、卫生健康职业学院、中医药大学、药学院、护理学院等高校，共 191 所。在这 191 所高校中，有本科高校 102 所（其中，民办 25 所、公办 77 所）、专科高校 89 所（其中，民办 14 所、公办 75 所）。本科高校中直属教育部高校 2 所，为北京中医药大学和中国药科大学，直属国家卫生健康委员会的有北京协和医学院，其他均为省属高校。

除了上述 191 所医学相关院校之外，还有很多全国知名的医学院系被综合性大学所合并或本来就属于综合性大学内的一部分，这一部分包含有 84 所高校，其中，教育部直属高校 23 所、其他部委高校 3 所、省属高校 58 所。

我国卫生管理本科人才的培养主要集中于上述 200 余所含有医学院系的综合性大学和医药本科院校，其中设置了公共事业管理（卫生管理）专业超过 100 所。除安徽医科大学、潍坊医学院、大连医科大学等较早开展卫生管理人才培养的高校外，其余大部分院校该专业起步于20世纪末。其中，江西中医药大学于2001年开设公共事业管理（卫生管理）专业，其起步与发展在国内具有一定的代表性。因此，我们以江西中医药大学公共事业管理（卫生管理）专业为例，阐述其培养目标与培养要求。①

一、总体目标

遵循党的教育方针，全面落实立德树人根本任务，弘扬"惟学、惟人、求强、求精"校训精神，培养德、智、体、美全面发展，适应社会进步和医药卫生事业发展需要，掌握现代医学与管理学的基本理论、知识和技能，具备公共意识、公共精神、公共责任，具有创新精神、创业意识和创新创业能力，具备市场竞争能力，能在卫生事业管理、服务及其相关部门从事科学、有效工作的管理人才。

二、培养要求

（一）素质要求

①拥护中国共产党领导，掌握马克思主义基本原理与方法，掌握中国特色社会主义理论体系；热爱祖国，遵纪守法，树立科学的世界观、人生观、价值观和社会主义荣辱观，愿为社会主义现代化、祖国卫生事业的发展和人类身心健康奋斗终生。

②热爱卫生事业，有远大理想、高尚情操、坚定意志，有为实现国家富强、民族昌盛的中国梦而奋斗的志向和责任感。

③"乐学、善学、勤学"，树立终身学习观念，认识到持续自我完善的重要性，不断追求卓越。

④具有法制意识、公共精神，具有良好的道德修养和社会责任意识，具备较高的审美情趣和人际交往的综合素质，有较强的创新能力和创业意识。

⑤具有科学态度和批判精神。

⑥具备远大眼光、通融识见、博雅精神。

⑦具有健全的心理和健康的体魄。

⑧具有良好的交流沟通意识、调动资源能力和团队管理能力。

_____

① 根据江西中医药大学公共事业管理专业2018年版培养方案整理。

⑨在职业活动中重视医学与管理的伦理问题，法制观念强。

⑩尊重文化差异、区域差别、个人信仰，具有国际视野，理解不同社会和人群的人文背景及文化价值。

⑪实事求是，具有科学的管理态度，有集体主义精神和团队合作开展卫生管理工作的观念。

⑫在应用各种可能的管理资源、管理方法去追求准确、高效的管理效益时，应具备系统意识、成本意识和可持续发展意识。

（二）知识要求

①掌握与管理学相关的心理学、经济学、行为科学和社会科学等基础知识和科学方法，并能用于指导未来的学习和工作实践。

②掌握基本的管理学原理、知识及管理实践原则。

③掌握卫生管理、卫生经济、卫生法规等方面的专业知识。

④熟悉医学基本知识，了解疾病预防、诊断、治疗、康复以及健康促进的有关知识。

⑤掌握社会医学、健康教育、疾病预防和控制的原则。

⑥掌握卫生统计、流行病学的有关知识与方法，理解科学方法在卫生管理研究中的重要作用；掌握文献检索、资料查询的基本方法。

⑦掌握医疗卫生事业管理工作的基本规律、程序、方法；熟悉党和国家有关医药卫生体制改革的方针、政策和法规；了解本学科的理论前沿和发展动态。

（三）能力要求

①具备适应办公自动化、应用管理信息系统开展数据的收集、处理并进行统计分析的基本知识和能力。

②具备较好的外语能力，能使用一门外语进行阅读。

③具有系统、规范进行公文写作、处理的能力。

④具有较强的卫生政策理解与分析能力、管理思维和表达能力。

⑤具有从事综合医疗服务机构各行政职能科室管理工作的能力。

⑥具有计划、组织、协调、沟通的基本能力和应急管理能力。

⑦具有与医生、护士及其他医疗卫生从业人员合作的能力。

⑧具有处理卫生管理部门、医院、社区、医药企业日常管理业务的基本技能，业务实践操作能力强；具有较强的沟通能力。

⑨结合社会实际，能够独立利用图书资料和现代信息技术研究卫生管理

问题及获取新知识与相关信息，具有较高的社会调查和初步具备从事科学研究的能力。

⑩具有自主学习、终身学习和一定的解决实际问题的能力。

第二节　抗疫精神融入卫生管理人才培养的重要意义和策略

任何一个社会都需要精神力量对社会存在的推动作用，伟大的精神能产生认识世界、改造世界的伟大力量。

一、重要意义

在抗疫斗争中铸就的伟大抗疫精神，成为当代中国人民防疫抗疫的精神支撑，为逆境前行、共克时艰提供了精神伟力，并与党的坚强领导、人民的团结奋战、制度的显著优势、国家的坚实国力、文化的深厚底蕴、人类的携手合作等重要因素一起，共同构成抗击重大疫情、战胜一切困难的强大合力。与中国精神谱系中一系列生成于各个历史时期的伟大精神相比，伟大抗疫精神具有更加鲜活的时代特色，是正在生成发展的中国精神，是当代青年身体力行的中国精神，是距离当代青年最近的中国精神，也是当代青年感受最直观的中国精神。伟大抗疫精神对于青年一代思想政治教育的长效功能和深层价值尤为凸显。因此，将伟大抗疫精神与卫生管理人才"课程思政"教育相融合，把这种精神植入卫生管理人才培养的具体实践中去，有利于提升卫生管理人才的综合素养，使之转化为全面推动建设健康中国的人才支持。

二、策略分析

1. 深层次解读伟大抗疫精神，涵化于卫生管理人才的价值体系

高校承担着为国家培养和输送人才的重要使命，在思想政治理论与实践教育过程中，尤其应使"思政课程"与"课程思政"紧贴时代，深入挖掘抗疫精神中的育人元素，结合新时代大学生理想、信念、责任、担当等价值体系，深入解读伟大抗疫精神的时代内涵，有针对性地进行教学目标规划与内容设计、教学方式与模式革新，将抗疫精神价值塑造贯穿卫生管理人才培养全过程。

要弘扬伟大抗疫精神，就必须全面深刻解读这种精神。既要在"健康中国"上升为国家战略、健康医学模式形成与疾病谱转变等新形势下审视卫生管理专业教育与通识教育的关系，也要根据新时代的发展，注重卫生管理有关知识传授与价值引领的结合。要把握好知识专业性与广博性的优先次序，在学生掌握公共管理学科理论知识与实践技能的过程中，将抗疫精神在专业课教学中融会贯通，帮助学生了解伟大抗疫精神的丰富内涵，使他们领会到伟大抗疫精神中体现的医学人文精神，提高学生专业学习兴趣和专业认同感，推动专业课学习与"育人"功能的协同发展。

2. 多途径传承伟大抗疫精神，内化到卫生管理人才的课程体系

除了传统的思想政治理论课以外，公共事业管理（卫生管理）专业课程体系还包括通识课程、医学基础课程、管理类基础课程、卫生管理方向课程等，每个模块都有其特定的知识体系与功能，教师要根据不同类别的课程多渠道、多途径传承伟大抗疫精神，尤其要根据课程内容采用灵活的教学方式。例如，江西中医药大学以信息化手段开展线上、线下相结合的混合式教学方法，利用网络等新媒体覆盖面广、亲和力强和渗透性高的特点，引导学生进行以"学习抗疫楷模，弘扬抗疫精神"为主题的专题学习，并将学生撰写的心得体会刊登在校报或学校官方网站专栏；组织抗疫英雄进校园宣讲活动。又如，邀请江西中医药大学的抗疫英雄开讲座、做报告，抗疫英雄讲述亲身经历可以让大学生深入体会抗疫英雄临危不惧、舍生忘死的无私奉献精神，使学生进一步深化对抗疫精神的理解，增强学生的民族自豪感和爱国主义情怀。同时，也采用情境教学法模拟突发性公共卫生事件现场，训练学生的应急处理能力；采用案例教学法讲授新冠疫情中的先进人物事迹，加强学生对先进人物体现出来的优秀品质的认同，激发学生为我国卫生健康管理事业努力奋斗的职业热情，培育有时代责任感和使命感的新时代卫生管理人才。

3. 全方位践行伟大抗疫精神，外化为卫生管理人才的行为体系

通过全方位强化实践，使伟大抗疫精神逐步外化为卫生管理人才的自觉行动。随着经济发展水平和生活水平的不断提高，人们的卫生服务需求也越来越高。卫生管理人才是未来卫生管理系统的主力军，不仅要掌握精湛的专业知识，还要具备深厚的医学人文素养。伟大抗疫精神深刻体现了医学人文精神的内涵，将伟大抗疫精神融入医学人文素养的培育具有一定的时效性和时代性。在卫生管理人才培养的各个阶段，要重视培养学生将理论知识应用于实践的能力，充分利用校内外教学实践基地进行现场演练，如在教学基地

模拟突发性公共卫生事件的处置，使学生熟练掌握应急管理方法、风险评估方法、现场反应能力、协调沟通能力等技能。在开展卫生管理相关的研究过程中，学生要在专业教师的指导下结合社会热点和人民群众关心的卫生健康问题开展研究，高校与企业、科研机构等单位建立战略合作关系，成立协同创新平台，使技术创新与社会需求有机结合，提升卫生管理领域研究成果的服务转化与成果转化效率。

第三节　后疫情时代卫生管理人才培养的思考

新冠疫情的突然来袭，使公众更加深刻地切身感受到医疗卫生事业发展的战略性、重要性和紧迫性。而作为推动医疗卫生事业发展重要力量的高等医学教育，愈加与国家安全、社会稳定和民心所向紧密联结。卫生管理人才在应对突发重大公共卫生事件中占有重要地位，在疫情中也暴露出我国卫生管理人才在数量、质量、结构上的一些问题，培养职业化、专业化、复合型的卫生管理人才是卫生管理教育的基本目标。高校是承担卫生管理教育的主要场所，为卫生管理专业人才的输出提供保障。后疫情时代，需要探索培养卫生管理人才的新理念、新路径、新举措。

一、把立德树人作为卫生管理人才培养的首要任务

立德树人是一项长期系统的工程，也是根本任务。高校应弘扬正气，加强大学生对习近平新时代中国特色社会主义思想的学习和理解，把思想政治教育工作置于中国特色社会主义建设战略的全局高度。

卫生管理人才的培养，要充分学习、吸收和贯彻习近平新时代中国特色社会主义思想，加强意识形态的宣导和理论知识的灌输。通过思想政治学习，大学生才能树立正确的世界观、人生观和价值观，树立为国家求发展、为人民谋幸福的远大志向，树立危难时刻挺身而出的英雄气概，做一个有思想、有道德、有文化、有纪律的新时代大学生。要把医护人员英勇抗疫的事迹和英雄精神贯穿卫生管理人才培养的工作，让大学生感恩于这个时代的行业楷模，感动于这个时代的中国精神，致敬于这个时代的伟大中国，从而更加努

力学习科学文化知识，掌握卫生管理的技能和方法，为中国卫生健康事业的发展立下宏志。

二、把职业道德教育作为激发卫生管理专业学生学习的内驱力

职业准入难度大、经济收入偏低和职称评审受限等客观因素影响了卫生管理专业学生的学习外部动力。在此次抗疫过程中，广大医护人员以严谨的职业精神和大无畏的革命精神赢得了全社会的尊敬，"尊医重卫"蔚然成风。无论是卫生管理干部、公共卫生技术人员，还是普通的一线医生，公众从这些"良医"身上看到了医德的传承，对新时代职业精神有了更深刻的理解。医学院校应充分整合挖掘医德教育资源，激发卫生管理专业学生的学习内驱力，弱化外驱力的消极影响，帮助学生充分认识自己担负的健康使命和责任，投身专业学习，练就过硬本领，主动提升医防融合和"平战结合"等能力，以内驱力树立终身学习理念，不断强化宗旨意识，从而服务中国的健康事业。

一是丰富医疗职业道德教育形式，改变价值认知。职业道德教育的根本是价值观教育，树立正确的社会主义核心价值观，才能意识到学习的目的和意义，才能明白初心和使命。二是灵活运用职业道德教育资源，增进情感体验。卫生管理服务对象是人，是有生命的人。大学生都是具有丰富情感的年轻人，在职业道德教育中应大力弘扬不同群体面对自然灾害和传染病展现的崇高职业道德，提升学生共情能力，增进学生的职业情感，从而产生职业动力。三是结合职业道德教育实际，强化精准帮扶。应根据学生的不同情况制定个性化的帮扶工作，使职业道德教育入耳入心，切合学生自身实际，才能从"心"激发学习动力。

三、把理论与实践相结合作为卫生管理人才培养的根本路径

卫生健康管理活动本身就是用理论指导实践，并在实践中不断地验证、深化和发展理论的过程。

在理论方面，习近平新时代中国特色社会主义思想是中国特色社会主义实践的发展成果，也是指导中国特色社会主义建设的强大理论。把抗疫精神作为一项重要的思想教育内容体现在课程体系中，把抗击疫情中的科学精神和典型事例整理好、总结好、宣传好。例如，2022年6月，《新型冠状病毒肺炎防控方案》（第九版）发布，相较于第八版，第九版防控方案针对奥密克戎变异株的特点，因时因势对风险人员隔离管理、中高风险区划定标准、疫情监测等方面进行了修订。这是进一步提高疫情防控科学性、精准性的有力举措，是坚持科学精准、"动态清零"的具体体现。大学生可以通过对这些内容的学习，提升对卫生管理理论的认知，认真掌握好学科文化知识，做好自身知识储备。

在实践方面，重点要解决"是什么""为什么""怎样做"等问题。大学生具有优异的信息感知和运用能力，为了满足更好的教学需要，教师有必要针对教学内容进行创新与变革。高校教师要用现代化的眼光强化教学理念，不断与时俱进，充分利用各种先进的教学平台、教学工具、教学手段，将最新的国家政策、时事热点及重大事件融合到教学实践中，结合时事热点或国家政策设置教学内容及教学方式，让大学生在日常的生活、学习、工作中，能够运用所掌握的知识和技能，积极投入科学实践，投入劳动创造，投入为学校、家庭、社区服务，最终投入为人民谋福祉、为国家建设发展。

四、把科学性和创新性相统一作为卫生管理人才培养的基本方向

青年学生的培养，要重视科学性和创新性。此次疫情为高校探索教学模式、教学内容、教学方法的创新提供了契机，全国高校为确保"停课不停学"，结合各地疫情情况和防控政策，从学校实际、学生特点和学科特色出发，因地制宜、因时制案、因人施教。采取线上、线下结合的方式，保证学生学习不间断，时间不浪费。2022 年春季学期，江西中医药大学经过科学论证、精准施策，实现了全员、全课程线上期末考试，确保了所有在校学生和因疫情不能返校的学生公平公正地参加了考试。大学的教育最终要体现在真、善、美的原则上，大学的每一项制度、每一片砖瓦、每一缕阳光、每一片树叶都要更加崇尚人性，重视真理；更加尊重科学，敢于探索，让大学生学会做人、做事的方法，运用现代化、信息化的学习手段，提升学习技能，了解掌握国情和社会的发展状况。

新时代，世界唯一不变的是变化。卫生管理人才培养同样要与时俱进、追求创新。卫生管理人才培养工作的创新不仅要体现在教学理论内容的创新上，而且要体现在教学方式方法、教学手段、教学理念等方面的创新上，探索适应新时代发展的各种创新道路。卫生管理教育的内容要依据中国特色社会主义创造出的伟大成就丰富教学内容，坚定教师和大学生的理想信念。作

为教师、辅导员等人员要跟进党的理论和最新会议精神去研究、思考卫生管理学科、专业的内涵及宗旨，完善教育教学方法，提升自身的业务水平。作为学生，要将自己置身于时代发展大潮中，关注社会时事和卫生政策变化。创新不是空洞的教材理论，而是变化着的富有时代气息的思想。

五、把提升学科建设水平作为支撑卫生管理专业人才培养的着力点

学科建设与人才培育是统筹推进的协同过程，卫生管理人才培养离不开学科发展的支撑作用。目前，卫生管理教育没有受到足够的重视，从全国来看，独立开设卫生管理学院的学校数量很少，即使是复旦大学这样的强校也没有开设独立的卫生管理学院。一些医学院合并到综合性大学后经费投入、平台建设等有所弱化，使卫生管理学科发展更加步履维艰。在新形势下，进行卫生管理学科规划时需要注意：一是把握发展的趋势，面向卫生管理前沿凝练学科发展方向，建立动态调整的激励机制，抢占发展良机，赢得竞争制高点；二是与社会需求相对标，卫生管理学科结构的优化着眼于社会发展的需要，依据学校的办学基础与学科资源，建立与经济社会发展相融合的交叉型、应用型新学科；三是扎根于卫生管理学科的传统与历史文化，历史传统是学科发展的土壤与基因，建设一流的卫生管理学科要立足于本土的卫生管理教育生态环境，防止生搬硬套造成水土不服。

六、把实践基地建设作为强化卫生管理人才社会服务能力的训练场

服务社会是高校办学的重要职能，也是卫生管理人才培养的出发点与落脚点，与社会需求相衔接是卫生管理人才培养的价值追求。针对卫生管理专业的培养目标定位和培养要求，实践（实训）基地建设是培养目标定位和培养要求的关键。各高校要重视平台搭建，建设卫生管理专业校内实践基地和实训室，并且积极拓展校外实践基地，可以与国家、省市级卫生健康委、中医药管理局、医保局、药品监督管理局、疾病预防与控制中心等相关单位建立合作机制，为学生提供良好的实践与研究平台。

在卫生管理人才培养的各个阶段，要重视培养学生将理论知识应用于实践的能力，积极倡导学生参与基层社区服务，引导学生多参与校园疫情管理的科学研究，充分利用实践基地进行现场演练，如在基地模拟突发性公共卫生事件，让学生熟练掌握公共管理决策、应急处理方法、风险评估方法、现

场反应能力、协调沟通能力等技能。在开展卫生管理相关的研究过程中，坚持管理思维和科学精神的培育，引导学生结合社会热点和人民群众关心的问题进行研究，卫生管理学院可以与企业、科研机构等单位建立战略合作关系，成立协同创新平台，使管理咨询与社会需求有机结合，提升卫生管理领域研究成果的服务转化与成果转化效率，提高社会服务质量。

七、把创新教学模式和方法作为培养卫生管理人才的新观念

随着经济和社会的发展，卫生人才的服务理念、服务范围、服务方式在新时代也被赋予了新的内涵，这对卫生管理教学模式也提出了新要求。然而，目前卫生管理专业的教学仍没有脱离传统上以医学、管理知识传授为主的观念。在医学模式转变的背景下，需要更新教学理念，树立"培养职业化、专业化、复合型卫生管理人才"和"从以医疗为主转变为以健康为中心"的观念。在教学内容上，既要在"健康中国"上升为国家战略、医学模式转变等新形势下重视卫生管理专业教育与通识教育的结合，也要迎合社会需求注重卫生管理知识传授与实践技能培养的结合。比如，卫生事业管理学授课过程中要把握好知识专业性与广博性的优先次序，在学生掌握卫生管理学理论知识与实践技能的过程中，合理融入心理学、管理学、伦理学等人文教育。根据课程内容采用灵活的教学方式，如以信息化手段开展线上、线下相结合的混合式教学方法，使学生自主查阅学习国内外卫生管理的前沿动态；以情境教学法模拟突发性公共卫生事件现场，训练学生的应急处理能力；以案例教学法讲授新冠疫情中的模范人物，培养学生的职业道德等。

八、把强化学科融合作为优化卫生管理人才培养的新生态

目前，在全国高校争创"双一流"①的背景下，各高校无疑会更加聚焦于优势学科的发展。而对绝大部分医药院校而言，管理类学科都难以成为其主流、优势学科，或者说，国内医学院校在普遍重视医学专业而忽视非医学专业，尤其是人文社科专业发展滞后，开放性不强。从高等院校的课程结构

---

① 世界一流大学和世界一流学科，简称"双一流"，是中共中央、国务院做出的重大战略决策，也是中国高等教育领域继"211 工程""985 工程"之后的又一国家战略，目的在于提升中国高等教育综合实力和国际竞争力，为实现"两个一百年"奋斗目标和实现中华民族伟大复兴的中国梦提供有力支撑。

来看，过于注重专业教育，在专业教学过程中缺乏学科专业的交叉，导致专业知识被分割。因此，在高等教育学科专业布局和创新发展中必须更多地支持新型卫生与健康管理人才的培养，鼓励有条件的高校探索复合应用型卫生与健康管理人才的"中国模式"。

根据此次疫情暴露的问题，有针对性地完善管理与医学、管理与药学、管理与预防等复合型高层次人才培养模式，促进学科开放性建设、学科交叉融合与特色发展，实现部分学科的率先突破。此外，各高校还可以根据学校现有的基础和优势学科，结合国家地方经济发展的需要，对卫生管理学科的建设进行有针对性的研究，找准学科发展的有效增长点，调整学科结构，优化资源配置，缩小与主流学科间的差距，促进学科间的合作、交叉和渗透，设置有特色的跨学科专业，培养具有特色的复合型人才。

九、把健全师资队伍建设作为卫生管理人才培养的新保障

从我国高校对卫生管理人才培养的要求来看，普遍对专业精神、医学基础、科学素质、管理与社会动员、信息运用等提出了基本要求。这就需要有丰富学科背景的教师队伍作为师资团队。有研究表明，卫生管理学院（名称不一，有的高校叫"管理学院""人文管理学院""经济与管理学院"等）教师的学科背景单一、结构构成不合理成为提高人才培养质量的瓶颈。

为卫生管理人才培育创造良好的生态环境，需要完善师资队伍建设机制。一是要积极构建学科交叉融合的教师团队，既可以考虑复合型人才的引进，也可以搭建多学科背景队伍，形成医学、管理学、教育学、法学、经济学等多学科交叉融合型的师资力量。二是要通过经费支持、住房补贴等福利保障政策，引进高层次卫生管理人才。为了更好地发挥学术骨干和学科带头人的引领作用，可以鼓励优秀骨干教师以"传帮带"形式组建团队，交流学习经验，实现"引才"和"育才"的有力结合。三是要改革教师评价体系，激励教师充分尽其才、展所能。当前，各类大学第三方评价的指标体系中科研权重普遍较高，对优质教育资源的分配、教师晋升的标准等产生了一定的影响，进而影响着教师"以科研为重"的发展选择。因而教师评价标准中可以适当增加教育教学相关指标，鼓励教师热爱教学、潜心教学、重视教学。

十、将中医药自信教育作为中医药院校培养卫生管理人才的特色点

在此次新冠疫情防治中，中医药充分发挥独特优势和作用，取得了显著成效。近些年，中医药的国际国内地位持续提升，2017 年实施的《中华人民共和国中医药法》已将中医和西医并重的方针以法律的形式固化，上升为国家意志。截至 2021 年 7 月，中医药已经传播到世界 196 个国家和地区，已发布 45 个中医药国际标准，我国政府同 40 多个国家和地区签署了专门的中医药合作协议。2022 年 3 月，在世界卫生组织（WHO）官网上，《WHO 中医药术语国际标准》正式发布，这是 WHO 总部第一次正式向 194 个成员国发布中医药术语的英译标准，为中医药的标准化、国际化提供了统一的中英对照蓝本，对推进中医药国际化交流、信息化建设等起到重要保障作用。可见，中医药正快步融入国际医药体系，成为构建人类命运共同体的重要载体，必将为人类健康福祉做出更大的贡献。

中医药自信是中华优秀传统文化自信的重要组成部分。这就需要把中医药自信教育作为中医药院校立德树人根本任务的重要抓手，把中医药自信教育作为中医药院校人才培养的首要任务，把中医药自信教育作为中医药院校党的政治建设的具体体现，把坚定大学生中医药自信作为高校职能、教师责任、学生本分。突出中医药院校卫生管理人才培养特色，建立一个扎根中国、文化自信、互学互鉴、融合共生的现代人才培养体系，为新时代培养坚信中医药、融会贯通现代管理思维、具有开阔视野的新型卫生管理人才。

第四章

抗疫经典案例运用于"卫生事业管理学""课程思政"的探究

第一节 "卫生事业管理学"课程目标与内容体系设计

一、"卫生事业管理学"课程目标

卫生事业管理学是运用现代管理科学的理论、方法和技术,研究国内外卫生事业管理的基本规律,我国卫生事业管理的理论、方法及卫生政策,提高卫生服务的社会效益和经济效益、进而提高人民群众健康水平的系统科学。通过本课程的学习,一方面,帮助学生熟悉我国卫生事业管理方针政策,了解国内外卫生事业状况,掌握卫生管理的基本内容和方法,为建立起一套科学有效的卫生管理学科知识体系打下基础;另一方面,从具体实践上清楚卫生事业管理在社会发展中的地位与作用,掌握开展卫生管理工作的主要方法。

本课程将帮助学生正确认识我国卫生事业管理的客观现象和活动规律,了解我国卫生健康事业发展历程,熟悉和掌握卫生事业管理的学科前沿与时代任务,学会观察、研究卫生管理相关内容,熟悉卫生管理工作的流程、规则与惯例,掌握卫生管理的实践运作与研究的方法。

课程以习近平新时代中国特色社会主义思想为引领,立足于用现代管理思维思考和实践中国卫生事业改革与发展的现实问题,筑牢育人的四根柱子,即"涵养爱国主义情怀,坚定制度文化自信,厚植人民中心理念,肩负人类健康责任",通过看板式讲授法、案例教学法等教学方法的疏导,在核心知识强化训练的同时,运用典型案例分析、案例Seminar、体验式案例教学等教学手段,充分调动学生主动性,激发学生学习兴趣与潜能,充分发挥课程"引

大道，启大智"之作用。

二、"卫生事业管理学"内容体系设计

本课程分为 16 个专题内容，每个专题在教学目标设计上强调知识和技能、情感与价值两个目标的相互融合、协同共进。其中，情感与价值目标就是我们讲的思政目标，教学中植入相应的思政元素，既契合内容，又对应目标，达到自然融入的效果。每个专题的基本目标与内容简要陈述如下。

专题一：卫生事业管理导入（Overview of Health Administration）

（一）教学目标设计

1. 知识和技能

掌握卫生事业的性质和方针；熟悉我国卫生事业环境以及取得的成就和存在的问题；了解卫生事业管理学的发展历程以及当前卫生事业管理的重点任务；能够结合多学科知识，用正确的态度和方法学习课程。

2. 情感与价值

体验学习卫生管理对于国家、社会和个人的意义，增强使命感和责任感；理解"以人民为中心"国家治理理念下中国卫生事业取得的成就；提升民族自豪感，明确自身的时代责任和历史使命。

（二）教学要求

1. 基础知识

①卫生事业管理的概念与特点；

②影响卫生事业发展的因素；

③卫生事业管理的主要内容；

④卫生事业管理常用的研究方法；

⑤学习课程的重要意义。

2. 教学重点

学习卫生事业管理的意义，以及卫生事业的发展规律和历程。

3. 教学难点

卫生事业管理的手段、研究内容与研究方法。

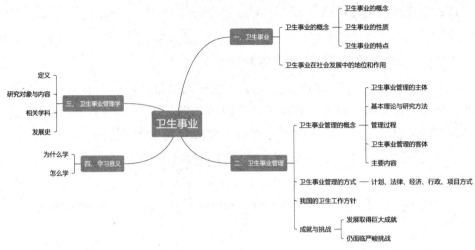

图 4-1 专题一思维导图

4. 思政融入点

①中华民族伟大复兴中国梦的实现需要全民健康；

②实现全民健康需要卫生健康治理能力与治理体系的现代化；

③肩负人类健康责任是本专业学生的必备基因。

（三）专题内容思考

课程引导是关键，最重要的是引导学生从感性认识上升到理性解读，将卫生事业管理专题课程的学科规律、学习原则、基本概念等内容传导给学生，并让学生意识到学习卫生事业管理专题对于国家、社会、个人的重要意义，本章内容将对学生今后的学习起到很好的引领作用。

专题二：卫生规划（Health Planning）

（一）教学目标设计

1. 知识和技能

掌握卫生规划的要领，应遵循的理念和原则、规划中各个步骤及其基本内容；熟悉区域卫生规划的内涵、目标、原则及编制的工作程序；了解开展区域卫生规划工作的意义，能够参与编制卫生规划工作。

2. 情感与价值

树立正确的政治观、大局观、利益观，坚守卫生规划中应坚持的原则，处理好整体与局部利益的关系；体会制度优势在中国卫生事业发展中的作用。

（二）教学要求

1. 基础知识

①卫生规划的基本概念；

②卫生规划过程；

③卫生规划评价；

④区域卫生规划。

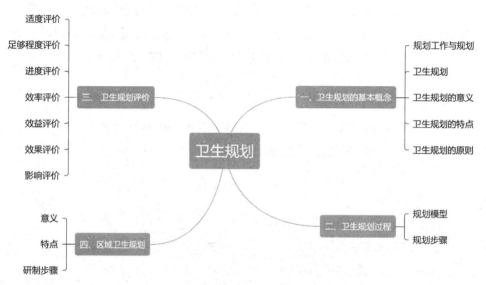

图 4-2　专题二思维导图

2. 教学重点

卫生规划特点、意义和原则，区域卫生规划编制的工作程序。

3. 教学难点

卫生规划步骤以及常用的方法，如 SWOT 法、甘特图。

4. 思政融入点

①卫生规划中如何处理国家整体与地方局部利益的关系；

②以疫情期间抗疫物资短缺为例，说明建立卫生规划机制的重要性。

（三）专题内容思考

卫生规划是制定卫生组织或系统进行某项卫生活动的目标及全局战略，是关于时限较长的卫生发展战略方向、长远目标、主要步骤和重大措施（策略）的设想蓝图。卫生规划也是我国社会主义特色卫生与健康治理的重要战略手段，作为卫生管理者，既要理解卫生规划的重要意义，也要学会如何运用卫生规划的方法合理分配、利用卫生资源，提高卫生管理的经济与社会效益。

专题三：卫生组织（Health Organizations）

（一）教学目标设计

1. 知识和技能

掌握卫生服务体系的概念及中国卫生与健康服务体系的构架；熟悉中国卫生与健康行政组织和服务组织及其职能；了解与卫生有关部门的工作职责，了解群众性卫生组织；能够理解、判断、分析组织结构变革的背景与意义。

2. 情感与价值

从卫生组织机构改革领悟"国家治理体系与治理能力的现代化"；践行党的群众路线是开展好群众卫生运动的法宝。

（二）教学要求

1. 基础知识

①组织与卫生组织的基本概念；

②卫生组织体系；

③卫生服务组织体系管理；

④卫生组织的变革与发展。

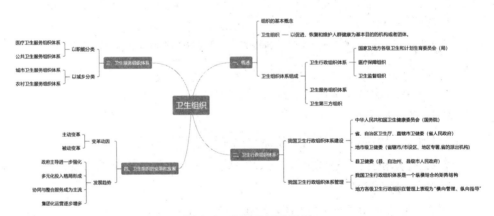

图 4-3　专题三思维导图

2. 教学重点

卫生组织体系的组成及分类，卫生组织治理结构改革思路。

3. 教学难点

卫生组织体系机构设计的基本原则，卫生组织绩效管理。

4. 思政融入点

①领悟卫生组织机构改革中体现的"国家治理体系与治理能力的现代化"；

②践行党的群众路线是开展好群众卫生运动的法宝。

（三）专题内容思考

在管理中，结构决定功能。卫生组织是卫生事业的重要组成部分，是健康服务的重要载体。本专题是让学生明确我国各类卫生组织的体系构成及其主要功能，了解不同卫生组织的属性和特点，洞察存在的问题，进一步理解国家卫生健康组织治理结构改革的思路和出路，锤炼组织管理思维，提高组织管理能力。

专题四：卫生政策（Health Policy）

（一）教学目标设计

1. 知识和技能

掌握卫生政策的含义及其实施的基本过程，熟悉卫生政策的结构与周期，理解制定卫生政策的基本逻辑，学会对卫生政策进行规划、制定、执行和管理。

2. 情感与价值

认识中国卫生政策变迁中的历史教训与新时代的机遇和挑战；体会卫生政策体现的中国特色社会主义制度优势，树立制度自信。

（二）教学要求

1. 基础知识

①公共政策与卫生政策的相关概念；

②卫生政策的过程；

③卫生政策的管理规律与主要内容。

2. 教学重点

卫生政策的研究范畴，卫生政策的形成过程。

3. 教学难点

卫生政策制定的常用方法，卫生政策的评估。

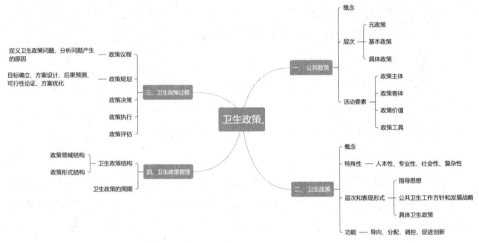

图 4-4 专题四思维导图

4. 思政融入点

①认识近现代中国卫生政策变迁中的经验教训与新时代的机遇和挑战，理解推动社会进步需要科学的决策，也要正确面对挫折，坚定信心，直面挑战；

②体会卫生政策体现的中国特色社会主义制度优势，树立制度自信，对学生进行爱国主义教育。

（三）专题内容思考

卫生政策属于公共政策的一个范畴，通常是指政府或权威机构以公众健康为根本利益依据，制定并实施的关于卫生事业发展的战略与策略、目标与指标、对策与措施的总和。卫生政策对卫生资源的筹集、配置、利用和评价等具有导向性作用。我们要特别注意卫生政策在不同国家、不同部门、不同时期的差异性，既要保证卫生政策在既定目标任务下的稳定性，也要因势利导，坚持"以人民为中心"健康治理理念，不断改进、提升卫生政策的有效性和针对性。

专题五：卫生系统绩效评价（Health System Performance Evaluation）

（一）教学目标设计

1. 知识和技能

掌握卫生系统绩效评价的目标与评价框架，熟悉卫生健康状况、卫生系统反应性、公平性、可及性等系统绩效评价指标与方法，了解主要国家卫生系统绩效评价的理念与方法，能够进行指标体系的解释与构建。

2. 情感与价值

理性判断中国健康状况与世界其他国家的比较，中国的健康状况已经达到或超过世界中高收入国家水平，增强学生民族自豪感；感受卫生系统的公平、可及所体现的新形势下党治国理政"四个全面"的总方略。

（二）教学要求

1. 基础知识

①卫生系统绩效评价的基本概念；

②卫生系统绩效评价理论；

③卫生系统绩效评价主要指标与方法；

④卫生系统绩效评价典型案例。

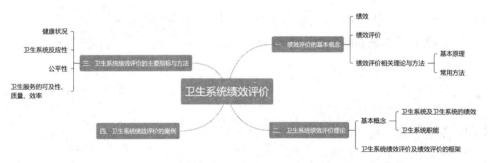

图4-5 专题五思维导图

2. 教学重点

绩效评价的相关理论、原则，卫生系统绩效评价的一般方法。

3. 教学难点

常用健康状况评价指标，卫生系统反应性评价指标，卫生筹资公平性评价指标。

4. 思政融入点

①理性判断中国健康状况与世界其他国家的比较，中国的健康状况已经达到或超过世界中高收入国家水平；

②感受我国卫生系统的公平、可及体现的新形势下党治国理政"四个全面"的总方略。

（三）专题内容思考

卫生系统绩效改进是各国卫生事业发展的优先事项，其构建多参考投入产出模型和健康决定因素模型，且呈现多元化、综合化发展趋势。各国卫生系统绩效评价框架存在一定的规律性，应能够及时反映本国的卫生发展变化和国际理念更新，完善数据信息系统，建立公开透明的卫生系统绩效评价动态监测机制，充分发挥卫生系统绩效评价的工具作用，有效推进卫生体系改革。

专题六：卫生资源管理（Health Resource Management）

（一）教学目标设计

1. 知识和技能

掌握卫生资源的基本内容与管理原则；熟悉卫生筹资与分配，卫生信息管理的内容，卫生技术资源准入与评估；了解卫生建筑规划与卫生设备管理；能够合理筹集、分配、使用卫生资源。

2. 情感与价值

认识卫生资源可持续发展的重要性，树立正确的资源观、环境观、发展观；明确卫生资源调配中卫生组织和个人如何践行社会主义核心价值观。

（二）教学要求

1. 基础知识

①卫生资源管理的原则；

②卫生资金管理；

③卫生物力资源管理；

④卫生信息资源管理；

⑤卫生技术资源管理。

图 4-6　专题六思维导图

2. 教学重点

卫生资源管理的原则及应注意处理的问题。

3. 教学难点

卫生技术资源准入管理和卫生技术评估。

4. 思政融入点

①认识卫生资源可持续发展的重要性，树立正确的资源观、环境观、发展观；

②在抗击新冠疫情过程中，中国内外卫生资源调配的比较，对学生进行社会主义核心价值观教育，对中西方制度比较有理性的认识。

（三）专题内容思考

资源的有效性与欲望的无穷性是管理的永恒话题。随着我国社会主要矛盾发生变化，人们对健康需求的层次和水平也在不断提升，而我国的卫生资源相对匮乏，加之人口基数的庞大，我们不可能采用西方国家高投入型的卫生资源利用方式。因此，如何科学有效利用、开发卫生资源，提高卫生资源使用效率，不断提升我国人民群众的健康水平、幸福指数是学习本专题的核心要义。

专题七：卫生人力资源管理（Health Human Resource Management）

（一）教学目标设计

1. 知识和技能

掌握卫生人力规划的步骤和方法，熟悉卫生人力的激励政策、绩效考评和流动管理，能够开展卫生人力配备、开发、培训工作。

2. 情感与价值

认识社会对卫生人才的要求，提升学生的学习动力；工作中践行社会主义核心价值观，树立正确的利益观和价值观；明确个人的道德品质、专业能力、创新意识对职业发展的重要性。

（二）教学要求

1. 基础知识

①卫生人力资源与卫生人力资源管理；

②卫生人力规划；

③卫生人力开发与培训；

④卫生人力的使用。

2. 教学重点

卫生人力资源的特征，卫生人力规划的步骤和方法。

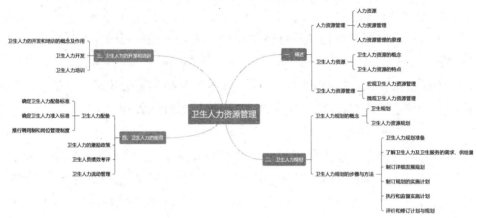

图 4-7　专题七思维导图

3. 教学难点

卫生人力资源需求量和供给量预测技术。

4. 思政融入点

①认识社会对卫生人才的要求，提升学生的学习动力；

②抗击新冠疫情期间涌现出的一大批医学大家和人民好医生，树立正确的利益观和价值观；

③学习医务人员响应党和国家号召，弘扬敬佑生命、救死扶伤、甘于奉献、大爱无疆的精神。

（三）专题内容思考

卫生人力资源是指卫生技术人员的数量、质量和从事医疗卫生工作的能力，它是社会人力资源的组成部分，是反映一个国家、地区卫生服务水平的重要标志，对社会经济发展起着十分重要的作用。我国是人口大国，但人口大国不等于人才大国，我国的卫生人力资源在数量、质量、结构上还存在提升空间，如何开发、培养、使用、激励好各类卫生人力资源，是激活卫生资源中最活跃因素的关键，对健康中国战略的实施非常重要。

专题八：医疗服务管理（Medical Service Management）

（一）教学目标设计

1. 知识和技能

掌握医疗服务质量特性，医疗服务质量评价、监督、控制，医疗事故管理；熟悉医疗服务人员、技术、设备、药品的准入管理，医院感染管理；了解医疗服务管理的现状；能够正确处理医疗纠纷。

2. 情感与价值

树立"以人为本"的医疗服务质量价值观，加强"医者仁心"的责任意识，体会医疗质量是建立医患命运共同体的关键。

（二）教学要求

1. 基础知识

①医疗服务管理概述；

②医疗服务准入管理；

③医疗服务质量管理；

④医疗服务安全管理。

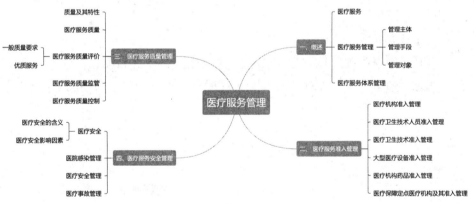

图 4-8　专题八思维导图

2. 教学重点

医疗服务管理的性质与手段，医疗服务体系管理。

3. 教学难点

医疗服务质量特性与评价，医疗事故的处理。

4. 思政融入点

①由院感漏洞引起的新冠疫情，加强医院感染管理中的责任与安全意识；

②从医患关系角度来看，医疗质量是建立医患命运共同体的关键；

③医疗服务质量管理中要体现"以人为本"理念。

（三）专题内容思考

作为以救死扶伤为主要职能的医疗机构，其服务管理远比一般产品质量管理重要得多。国内外因医疗（费用）危机和因医疗纠纷等造成（信任）危机，促使人们重视医疗服务质量管理。随着医学科学技术发展，医疗质量标准化水平越来越高，从而推动了医疗服务质量管理的发展。社会主义新时代，应当保持和发扬社会主义医院的特征，坚持公立医院的"公益性"性质，以优异的质量为人民健康服务。

专题九：公共卫生服务管理（Public Health Service Management）

（一）教学目标设计

1. 知识和技能

掌握公共卫生服务管理的内容，卫生监督管理、妇幼保健管理内容与特点；熟悉公共卫生服务管理性质、意义和特点；了解初级卫生保健策略的意义；能够分析我国公共卫生服务政策。

2. 情感与价值

理解"健康中国"国家战略，人民健康是民族昌盛和国家富强的重要标志；贯彻"预防为主"工作方针，为人民群众提供全方位全周期健康服务。

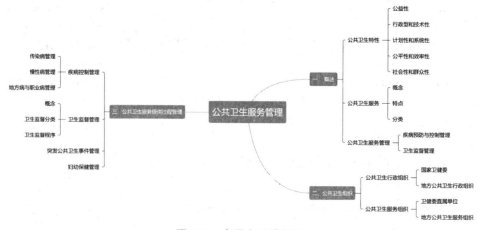

图4-9 专题九思维导图

（二）教学要求

1. 基础知识

①公共卫生服务与公共卫生服务管理；

②公共卫生服务管理的内容；

③公共卫生服务管理的策略。

2. 教学重点

公共卫生服务管理的概念、性质、意义、特点和主要内容。

3. 教学难点

公共卫生服务管理内容与策略。

4. 思政融入点

①中国政府为人民提供了哪些公共卫生服务项目，建立了怎样的筹资机制，增强学生民族自豪感；

②全球新冠疫情凸显各国公共卫生服务的可及性、公平性存在的问题，体会制度与文化优势。

（三）专题内容思考

公共卫生服务是通过国家与社会共同努力，预防疾病与伤残，改善与健康相关的自然和社会环境，提供基本医疗卫生服务，培养公众健康素养，实现全社会的健康的重要措施。历史和现实经验证明，公共卫生服务是贯彻"预防为主"卫生工作方针的重要手段，也是一种成本低、效果好的服务。对公共卫生服务进行管理，需要政府领导、部门协同、群众参与的原则，统一规划、规范行为，有助于促进卫生事业管理的标准化。

专题十：医疗保障制度（Medical Security System）

（一）教学目标设计

1. 知识和技能

掌握医疗保障制度基本模式；熟悉中国医疗保障制度，以及中国医疗保障制度的改革与发展；分析比较发达国家和地区医疗保障制度。

2. 情感与价值

明确党和国家为什么要建立健康扶贫机制；理解习近平发展观的核心理念是"共享"，医疗保障制度的完善是促进社会公平正义，让广大人民群众共享改革发展成果的重要体现。

（二）教学要求

1. 基础知识

①中国医疗保障制度基本模式；

②中国医疗保障制度；

③发达国家和地区医疗保障制度；

④中国医疗保障制度改革与发展。

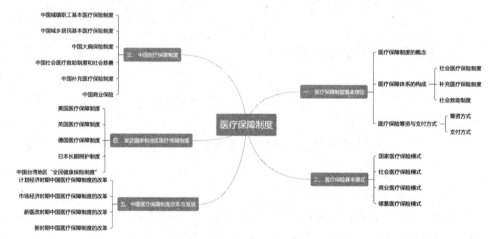

图 4-10　专题十思维导图

2. 教学重点

医疗保险筹集与支付方式，医疗保障制度的基本模式。

3. 教学难点

我国医疗保障制度中的主要问题。

4. 思政融入点

①中国建立了覆盖人口最多的基本医疗保障体系，体现其制度优势；

②从新冠疫情期间国家出台的改革意见来看，医疗保障是减轻群众就医负担、增进民生福祉、维护社会和谐稳定的重大制度安排。

（三）专题内容思考

医疗保障制度既是社会保障体系的重要组成部分，即民众的安全网、社会的稳定器，又是医药卫生体系的重要组成部分，也是医改的重要领域之一。其涉及系统多，包括个人、组织、政府、社会，相互之间关系错综复杂，管理服务的难度和复杂程度明显增加；医学技术的发展无止境，人民对生命和健康的期望无止境，而资金的筹集有限，特别是随着老龄化进展，供求矛盾将更加突出。因此，基本医疗保障制度的完善将是一个长期的卫生管理问题。

专题十一：药品政策和管理（Drug Policy and Management）

（一）教学目标设计

1. 知识和技能

掌握药品监督管理的主要内容，明确国家药物政策；熟悉国家基本药物相关政策进展和基本药物制度建设情况；了解药品价格和费用控制的主要措施；能够有效管控药品安全风险。

2. 情感与价值

理解习近平总书记提出的药品安全监管的"四个最严"要求，提高大学生的职业道德意识、社会公德意识、公共安全意识，增强社会组织管理中的社会责任意识。

（二）教学要求

1. 基础知识

①药品的概念和特征；

②国家药物政策和基本药物；

③国家基本药物制度；

④药品监督管理。

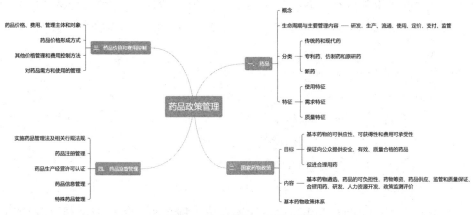

图 4-11　专题十一思维导图

2. 教学重点

药品监督管理内容，国家药物政策的目标。

3. 教学难点

药品价格的形成方式，药品上市许可人制度。

4. 思政融入点

①药品安全事件频发是对人民群众生命健康安全的严重威胁；

②药品价格虚高是解决"看病难、看病贵"问题的重要掣肘；

③习近平总书记提出的药品安全监管的"四个最严"要求。

（三）专题内容思考

药品政策与管理是运用管理学、法学、社会学、经济学的原理和方法对药事活动进行研究，总结其规律，并用于指导药事工作健康发展的社会活动。药品是特殊商品，直接关系到人的身体健康和生命安全，药品的研发、生产、经营、使用等环节都需要一系列严格、科学的管理政策和措施予以保障，从而为推动"三医联动"改革奠定基础。

专题十二：基层卫生服务管理（Primary Health Service Management）

（一）教学目标设计

1. 知识和技能

掌握基层卫生服务体系构成，熟悉农村与城市卫生服务体系主要内容，分析基层卫生服务改革的现状与发展趋势。

2. 情感与价值

正确理解和面对卫生事业发展中城乡不平衡的状况；学会理论联系实际，深入基层，联系群众，调查研究，科学实践；关注民生，领会社会主义核心价值观。

（二）教学要求

1. 基础知识

①我国基层卫生服务体系；

②我国基层卫生服务体系管理；

③我国基层卫生服务体系改革与发展。

2. 教学重点

我国基层卫生服务体系构成与发展目标，城乡基层卫生服务体系管理的主要内容和方法。

3. 教学难点

分级诊疗，家庭医生的主要职能。

图 4-12 专题十二思维导图

4. 思政融入点

①医学院校的大学生毕业后去基层工作的意愿，涵养学生爱国情怀与社会责任意识；

②提升基层卫生服务能力对于社会和谐稳定发展的重要意义。

（三）专题内容思考

过去很长一段时间，我国社会发展的城乡二元化结构明显，导致各领域包括卫生事业在城乡之间、人群之间、机构之间存在较大差异。新医改的核心思想之一就是"强基层"，完善基层卫生管理制度，坚持城乡统筹发展要求，以健全服务网络、提升服务能力、完善体制机制为重点，进一步改善基层卫生基础条件，突出强化基本公共医疗卫生服务职能，着力构建公平可及、服务有效、资源节约、群众信赖的新型基层医疗卫生服务体系。

专题十三：卫生应急管理（Health Emergency Management）

（一）教学目标设计

1. 知识和技能

掌握突发公共卫生事件及其应急管理框架、反应系统、管理过程，管理任务；熟悉卫生应急管理、风险管理等相关概念与理论；思考国内外应急体系及卫生应急体制建设。

2. 情感与价值

感受抗击新冠疫情中"以人民为中心"的国家治理形象，理解构建人类健康命运共同体的大国担当，弘扬"生命至上，举国同心，舍生忘死，尊重科学，命运与共"的伟大抗疫精神。

（二）教学要求

1. 基础知识

①卫生应急相关概念；

②卫生应急管理过程及相关理论；

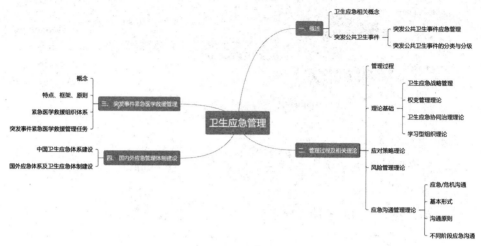

图 4-13 专题十三思维导图

③突发事件紧急医学救援管理;

④国内外应急管理体制建设。

2. 教学重点

突发公共卫生事件的特点,卫生应急管理的基本原则,突发事件紧急医学救援管理的任务。

3. 教学难点

突发事件卫生应急反应系统,突发事件应急反应机制。

4. 思政融入点

①我国新冠应急处置中弘扬"生命至上,举国同心,舍生忘死,尊重科学,命运与共"的伟大抗疫精神;

②通过世界各国在面对新冠疫情中的应急管理表现,领会中国在卫生应急管理中的制度优势;

③中国倡导构建人类健康命运共同体的大国担当。

(三) 专题内容思考

在突发公共卫生事件时,能及时有效地调动相关卫生资源、整合各种社会资源、动员全社会参与,及时有效地做好突发公共卫生事件的应急工作。同时,卫生应急工作也必须符合本国国情和全球化的特点,充分借鉴国外卫生应急的理论和实践。新冠疫情暴发后,我国能在短时间内调动资源开展救灾防病工作,有效控制疫情,充分显示了我国卫生应急机制建设取得的成绩。

专题十四：医学教育与科技管理（Management of Medical Education and Scientific Research）

（一）教学目标设计

1. 知识和技能

掌握医学教育管理的分类与评估方法，熟悉医学技术准入管理，了解医学实验室管理，能够从事基础的医学教育与科研管理工作。

2. 情感与价值：提升学生刻苦钻研、积极进取的学习精神，提高学生与时俱进、脚踏实地、团队协作的科研精神，培养学生的工匠精神。

（二）教学要求

1. 基础知识

①医学教育分类管理；

②医学教育评估；

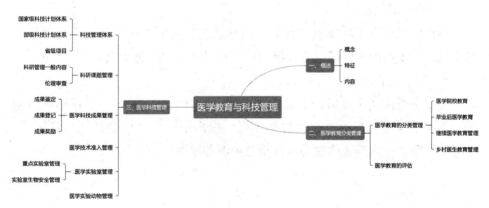

图 4-14 专题十四思维导图

③医学技术准入管理；

④医学科技成果管理。

2. 教学重点

医学教育体系的内容。

3. 教学难点

医学教育的评估，乡村医生的培训工作。

4. 思政融入点

①抗击新冠疫情中医学院校的表现充分证明中国医学教育的成功之处；

②屠呦呦等：人物故事，提高学生与时俱进、脚踏实地、团队协作的科研精神。

（三）专题内容思考

从战略视角来看，医学教育与医学科技是卫生事业发展的双翼，是为人群提供健康服务的人力保障和技术支持。我国是人口大国，也是高等教育大国和科技大国，如何通过医学教育与科技体制的完善，实现管理的改革，为"健康中国"战略的实施，提供充足且强有力的卫生人力资源和先进医学技术能力支持，既是本专题内容的关键要义，也是本专业学生学习的首要目的和努力方向。

专题十五：中医药事业管理（Management of Chinese Medicine）

（一）教学目标设计

1. 知识和技能

掌握中医药事业的特点与性质、指导思想，熟悉中医药事业管理的机遇与挑战，了解我国中医药事业发展概况，积极传播中医药文化。

2. 情感与价值

树立中医药文化自信，增强文化自觉，认识学习中医药的责任感和自豪感；正视中医药自身的特色优势与不足，提高中医药文化的认知与认同度；引导学生坚守中医药文化核心价值观与中医药思维。

图 4-15　专题十五思维导图

（二）教学要求

1. 基础知识

①中医药事业的特点与性质；

②中医药事业管理的基本原则与内容；

③中医药事业发展概况；

④中医药事业管理的机遇与挑战。

2. 教学重点

中医药事业的特点、性质、管理原则。

3. 教学难点

中医药事业管理的内容、困境与发展。

4. 思政融入点

①党和国家高度重视中医药的发展，一系列重要法规、文件、措施的出台为中医药的发展迎来了历史机遇，认识学习中医药的责任感和自豪感；

②中医药在抗击新冠疫情中发挥的作用，树立中医药文化自信。

（三）专题内容思考

中医药是我国各族人民在几千年生产生活实践和与疾病做斗争中逐步形成并不断丰富发展的医学科学，是中华民族的瑰宝，担负着维护和增进人民健康的任务，已成为我国医药卫生事业的重要特征和显著优势。近年来，党中央、国务院高度重视中医药事业的发展。扶持和促进中医药事业发展，对中医药事业进行科学管理，是贯彻落实科学发展观的必然要求，是全面建设小康社会的重大任务，也是深化医药卫生体制改革的战略性举措。

专题十六：卫生改革与发展（Health Reform and Development）

（一）教学目标设计

1. 知识和技能

掌握中国卫生改革与发展的重点，熟悉卫生改革的目标与步骤，了解卫生改革与发展的国际经验；分析卫生改革与发展的困境与趋势。

2. 情感与价值

明确在卫生改革与发展的历程中体现的国家治理能力的进步；理性看待中西方卫生改革的差异，坚信制度优势，坚定"四个自信"；改革永远在路上，认识到作为青年学生肩负的时代责任。

（二）教学要求

1. 基础知识

①卫生改革的原则、背景和动力；

②卫生改革的目标与步骤；

③其他国家卫生改革与发展的经验借鉴；

④中国卫生改革发展与展望。

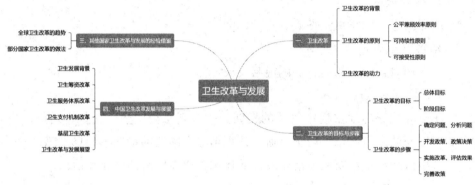

图 4-16　专题十六思维导图

2. 教学重点

中国卫生改革的目标与重点。

3. 教学难点

中国卫生改革与发展趋势。

4. 思政融入点

①梳理中国卫生改革与发展的脉络，改革取得的伟大成效，克服的困难和难啃的"骨头"，感悟我国健康治理能力的进步；

②理性看待中西方卫生改革的差异，坚定"四个自信"；

③改革永远在路上，担负作为青年学生的时代责任。

（三）专题内容思考

卫生事业发展取得的巨大成就，在保护和增进人民群众健康，改善和提高人民群众的生活质量和生存环境，促进经济发展和社会进步方面发挥了重要作用，也做出了重大贡献。但也要看到，当前卫生事业的发展与经济建设和社会进步的要求还不相适应，城乡之间、地区之间不平衡，卫生队伍整体素质不高，资源配置不够合理，医疗保障制度不健全等，卫生服务质量和水平同人民群众对美好生活的向往还有差距，卫生改革与发展是一项长期而艰巨的任务。

第二节　案例教学在"课程思政"中应用的相关分析

一、案例与案例教学

案例是对某个社会组织发生的需要解决问题的描述。这些案例是真实的，有时会对案例做必要的语言修饰，其目的是让学习者更容易识别案例体现的问题，从而提出方案，做出判断和决策。

案例教学（Case Method）由美国哈佛法学院前院长克里斯托弗·哥伦布·朗代尔（C. C. Langdell）于 1870 年首创，后经哈佛企管研究所所长郑汉姆（W. B. Doham）推广，并从美国迅速传播到世界许多地方。

1921 年，美国哈佛商学院（Harvard Business School）开始大规模运用案例教学，即围绕一定培训的目的把实际中真实的情境加以典型化处理，形成供学员思考分析和决断的案例（当时通常为书面形式），通过独立研究和相互讨论的方式，来提高学员分析问题和解决问题的能力的一种方法。

哈佛商学院当时是采取一种很独特的案例形式教学，这些案例都是来自商业管理的真实情境或事件，透过此种方式，有助于培养和发展学生主动参与课堂讨论，实施之后，颇具绩效。到了 20 世纪 80 年代，这种案例教学法受到师资培育的重视，尤其是 1986 年美国卡内基小组（Carnegie Task Force）提出《准备就绪的国家：21 世纪的教师》（*A Nation Prepared：Teachers for the 21st Century*）的报告书中，特别推荐案例教学法在师资培育课程的价值，并将其视为一种相当有效的教学模式。

自 20 世纪 80 年代案例教学法引入我国后，讲授说明式案例教学法和项目式案例教学法经常被用于中国的课堂教学。回顾国外案例教学的起源，结合国内外学者的研究成果，我们将案例教学法的含义归纳如下：案例教学法是在教师（团队）的精心策划和指导下，为了达到特定的教学目标，通过案例作为教学手段，引导学习者进入一个特定事件的真实情境，通过师生之间的参与、讨论、沟通，提高学生发现问题、分析问题和解决问题的能力，同时培养学生沟通能力、创新思维和团队协作精神的一种开放式教学方法。

二、案例教学的基本特点

案例教学作为一种教学理念，因其克服了传统教学说教的枯燥，增强了课堂的灵活性和教学效果而备受青睐。案例教学的根本特征是以案例为教学资源，实现学生自主学习、合作学习、研究性学习和探索性学习，这种方法具有以下基本特点。

1. 以案例作为基本教育信息的载体

案例教学的目标是追求学习者能够获得一种运用理论知识分析和解决问题的能力。案例教学通过将典型案例在课堂上呈现，最大限度地动员了学生参与课堂的热情；通过开展激烈的讨论迸发思想火花，启发学生对案例中本质问题的思考和进一步探索的热情。基于情景和探索问题是这种教学方法的核心特点，而案例中富含的鲜明、强烈和错综复杂的问题与冲突则是引发学生争论与思考的出发点。在案例的分析、讨论过程中完成教学目的，既体验了实践的理论意义，又培养了学生自觉学习、自主学习与探索性学习的能力。可见，对案例教学来说，其教学目标更加系统和深刻。由此，决定了案例作为案例教学基本教育信息载体的独特价值与意义。

2. 以教师引导学生分析案例为主要的教学结构理念

在案例教学中，值得关注的并非是否得到正确的答案，而是得出结论的推理和思辨过程，是要启发和引导学生进行思考、分析、辩论、总结、反思，以提高学生分析解决实际问题的综合能力为首要目标。

案例教学通过动员学生积极参与，引导和启发学生参与到特定的案例场景中开展案例讨论，通过针对同一问题的不同观点的互相交锋和彼此互动，加深理论认知，激发学生的创造性思维，提高判断能力、分析能力、决策能力、协调能力、表达能力和解决问题的能力，并在这个过程中，通过辨析价值差异，建立起与教学目的相同的价值观。由此可以看出，案例教学的过程是学生在案例的平台上，主动尝试、发现本质、完善自我认知结构的过程。在这个过程中，学生处在一个最佳的学习氛围中。同时，解决问题时的相互沟通与讨论有助于培育其合作能力和团结协作精神。因此，案例教学不仅仅是传授知识、增强理论认知的一种方法，更是提高学生综合能力的一种有效手段。

3. 凸显学生在教学中的主体地位

师生主体地位的不同体现了案例教学与传统教学模式的本质区别。传统教学模式体现的仍然是教师为主、学生为辅的授课模式，学生的主体能动性难以得到发展。案例教学则主张学生在课堂中的主体性，学生为主，教师为辅，变传统的"灌输式"教学为"体验式"教学，学生不再是课堂中的被动接受者，而是主动学习者，知识和能力的获取不是由别人告知得来的，而是经过主动思考获得的，如学生需要提前预习课堂内容、收集相关资料、参与案例的讨论，其独立思考和解决问题的能力得到提升。但是，"教师为辅"并不意味着教师作用的丧失，实际上，案例教学设计的灵魂仍然是教师，从而形成了"双主体"的模式。由此，师生交流从单向信息变为双向沟通，教学相长的效果在案例教学中得到了极大提升。

4. 体现民主集中制的运行机制和内涵

民主集中制既是保障案例教学法有效实施的运行机制，又是案例教学法的既定内涵，它要求民主基础上的集中与集中指导下的民主相结合。一方面，必须充分发扬课堂民主，尊重学习者主体地位，坚持"从学生中来"，倾听学习者的观点，保障学习者平等表达和参与的民主权利。案例教学倡导的师生互动、双主体、由被动到主动等主体精神，就是对学习者平等的民主式学习权利的确认。另一方面，在充分发扬课堂民主的基础上实行正确的集中，使教学不偏离方向，保障既定教学目标的实现，达到学生民主和教师集中的有机统一。案例教学既是民主的，又是集中的，这就需要避免两种倾向：一是片面发扬课堂民主，导致教学秩序散乱、主题偏离、价值脱轨；二是片面强调教师集中，导致背离案例教学精神的教师"一言堂"现象。案例教学的民主集中制，应是"又有集中又有民主，又有纪律又有自由，又有统一意志又有生动活泼"的课堂氛围。

三、案例教学与"课程思政"之契合

案例教学自产生以来，能迅速传至世界各国，并被各领域、各学科争相吸纳，与其固有优势密不可分。案例教学法以案例为教学平台，通过一种开放型的课堂组织形式拓展了学生的思维，实现了学生的自主学习、合作学习、研究性学习和探索性学习，唤起了学生的热情和积极性，从而提高了学生的综合素质和全方位能力，因此，具有传统课堂教学无法比拟的优越性。

我国高校推进"课程思政"建设的指导思想是立足于解决培养什么人、怎样培养人、为谁培养人这一根本问题，落实立德树人根本任务。以课程建设为主战场、以课堂教学为主渠道，让所有课程都承担好育人责任，使各类专业课程与思政课程同向同行，使显性教育与隐性教育形成协同效用，构建全员全程全方位育人大格局。

可以看出，"课程思政"的核心点还是全面提高人才的综合能力。这就必然需要通过改革和创新教学方法来提升课堂教学质量和效果，让学生通过学习，掌握事物发展规律，通晓天下道理，丰富知识，增长见识，塑造品格，努力成为德智体美劳全面发展的社会主义建设者和接班人。而案例教学具有的探索性、自主性、合作性等特性与"课程思政"的核心要义有高度的目标统一性，决定其理应成为"课程思政"建设中行之有效的一种方法。

四、"课程思政"案例教学的实施

根据案例教学探究性学习的特点，结合"卫生事业管理学"课程性质、学时、学分情况，本课程的课堂教学设计了嵌入式案例讲授、典型案例分析、案例 Seminar、体验式案例教学、课后自学案例五种具体的案例教学方法。

1. 嵌入式案例讲授

嵌入式案例讲授，是指使用一种描述某个组织活动的某些方面或局部的案例，如一个新产品、一项新设计、一个传播行为等进行教学。案例简短浓缩，学生也不一定需要做出决策。在采用这种案例教学法时，教师可以利用课堂短时间说明问题，学生也可以自由发言与讨论，但这种讨论是碎片、快速的，是与教师的讲授融为一体的。在这一过程中，实现思政元素隐性渗透。

例如，为了解释人类卫生健康共同体的深刻内涵，我们描述了一个意大利米兰 A 线地铁站 Re di Roma 附近的小区响起中国国歌《义勇军进行曲》，并有人大声高喊"Grazie Cina!"（感谢中国!）的案例。这个案例的思政价值在于让学生体会到：全球化时代，健康安全的地域边界已逐渐消解，疫情初期中国自身物资紧缺，但依然向部分国家伸出援手。习近平主席在第七十三届世界卫生大会上呼吁，"让我们携起手来，共同佑护各国人民生命和健康，共同佑护人类共同的地球家园，共同构建人类卫生健康共同体"，说明我国政府提出构建人类卫生健康共同体的价值取向。

表 4. 1 嵌入式案例讲授实施路径

模块	内容	讲授	思政元素
模块一……	知识点 1	嵌入式案例引导、举例、解释……	思政元素隐性渗透
	知识点 2		
	……		

2. 典型案例分析

典型案例也称为"经典性案例",在学科中具有代表性和超越性。代表性,是指经典性案例能够反映的一般特性;超越性,是指超越时空限制以及超越现实限制。它的典范性特征使其具有标准、表率与规范的作用。此类案例主要是通过学生课前预习,课堂教学中教师与学生共同分析问题,在案例总结中提炼其思政价值。

例如,讲到中医药事业发展问题,作为中医药院校的大学生,增强中医药文化自信、推进中医药特色发展是责无旁贷的。所以,我们根据"接近性"原则,选取能获取学生更多共鸣与关注的案例。我们引入"江西中医药大学附属医院组建专家团队,筹备防疫物资,驰援乌兹别克斯坦,为当地抗击新冠疫情贡献中国中医力量"这一典型案例。案例以主要事件的背景、中医专家团队工作开展情况、乌兹别克斯坦政府的高度评价等问题展开,帮助学生爱中医,信中医;树立中医药文化自信,在全球视野下关注中医药传承、创新、发展问题,探寻中医药事业持续发展的良好模式。

表 4. 2 典型案例分析实施路径

教学环节	预计时间（分钟）	教学形式
课前预习	—	学生查找案例背景资料,预习知识点
案例呈现	10	教师讲解或学生讲解
分析问题	10	教师引导、学生发言
提问解惑	5	学生提出疑惑问题,师生回答
教师总结点评	5	教师总结,注重案例思政意义的植入
合计	30	

3. 案例 Seminar

Seminar 中文翻译为"研讨会",是专门针对某个行业、领域或具体主题在集中场地进行研究、讨论交流的会。在校园里大多表现为几个学生围绕一个话题展开讨论，导师旁听或少量参与其中。从某种程度上，它有点接近于辩论，但更具学术性，且参与者所说的所有的观点、论据和想法都需要有一定的学术支持。

那么，在课堂教学中，开展真正意义上的 Seminar 是有一定困难的，班级人数、硬件环境、学生素质等通常不能很好地支持，且由于此教学模式占用教学时间较长，一般一个教学周期安排不超过 3 次。我们采取了折中的方式，利用"翻转课堂+小组研讨"的方式开展案例教学。通常要选择对学生具有共鸣的案例，容易激发学生的学习兴趣，也便于产生"辩"的氛围。

例如，在卫生应急管理这一专题，我们设计了"在抗击新冠疫情中，国内外应急救援的差异分析"案例 Seminar。这一案例主要围绕《抗击新冠肺炎疫情的中国行动》白皮书和《"美国第一"?！美国抗疫真相》蓝皮书进行比较，窥探国内外（中美之间）卫生应急体系的架构与反应，分析各自的特点、优势与不足，及其背后反映的深层次的体制机制问题。有利于学生进行深度探究，从而进一步坚定制度自信；理性认识暴露的问题，思考如何完善我国的应急体制机制建设。

表 4.3　案例 Seminar 实施路径

教学环节	预计时间（分钟）	教学形式
研讨问题呈现	5	教师讲解与布置
课堂限时小组研讨	20	学生在规定时间内针对问题研讨
小组或学生代表发言	15	3~5 名学生发言
教师小结	5	教师归纳研讨结论
学生提问	5	2~3 名学生提问
相互提问与批判	15	组间或个人相互提问、批判
问题总结	5	教师评价、总结、反思，评分。注重案例思政意义的植入
合计	70	

4. 体验式案例教学

将学生带入真实案例现场进行体验式教学，包括参观相关的企业、项目、成果等，在有条件的情况下，可让学生参与实践。

例如，我们带学生前往社区卫生服务中心开展社区调查，帮助学生融入社会，接触公众，了解基层医疗卫生状况，进行职业道德教育；参观岐黄国医外国政要体验中心，帮助他们树立中医药文化自信，引导青年学生坚守中医药文化核心价值观与中医药思维；参加广州药交会、樟树药交会，体会药品质量安全中蕴含的社会主义核心价值观；组织学生担任学校核酸检测志愿者，体会和设计卫生服务流程与管理，等等。

每个教学周期的体验式教学的内容并不固定，有时会因为客观条件的限制无法开展。但可以通过就近就便原则灵活变通，例如：在抗击新冠疫情期间，我们就要求学生就地观察、体验当地社区是如何开展疫情防控网格化管理的，注意分析网格化管理中社区与政府、社区与居民、社区与媒体、社区与邻近社区的关系处理；我们也通过在线上平台发布一些具有感染力和教育意义的图片、视频，让学生观看并发表感言，这些同样是一堂生动的体验式案例课，关键是教学团队要及时引导，设计任务，抓好落实。

表 4.4　体验式案例教学实施路径

教学环节	教学内容	教学形式	思政元素
课前	已学知识的复习，熟悉组织信息，礼仪、心理准备	学生自学，教师培训	激发学生学习兴趣与主动性，提升公众意识，增强礼仪素养，引导学生总结、提炼体验收获和教育意义
课中	现场体验、现场交流	观察、讲解、实践	
课后	总结与反思	心得体会	

5. 课后自学案例

提供给学生案例或者让学生自行查找规定的主题案例，在课后开展自主学习，主要是以小组团队形式进行。教师会对自主学习任务进行必要的指导，设计核心问题，提示各小组围绕核心问题进行案例的共同学习和讨论，形成小组共识。此类案例一般为综合性案例。

例如，我们提供给学生《求是》中的一篇文章《全面提高依法防控依法治理能力，健全国家公共卫生应急管理体系》，课后阅读自学。围绕两个核心问题，如何理解依法治国是我国治理国家的基本方略，如何实现公共卫生治理体系与治理能力现代化？其传递的思政意义：引导青年学生增强法治意识，提升依法、科学、有序开展应急管理的能力。

表4.5 课后自学案例实施路径

教学环节	教学内容	教学形式	思政元素
自学前	已学知识的复习，案例资料的获取，明确问题	教师指导，资料提供	加强学生自主学习意识和习惯，培养团队协作精神与沟通能力，开发思政自我教育意识和能力
自学中	案例学习，讨论交流	小组讨论、提炼发言纲要	
自学后	总结与反思	教师随堂提问、抽查、小结	

第三节 "课程思政"视域下案例教学的精神气质

《高等学校课程思政建设指导纲要》的颁布和实施，以及2021年5月教育部在全国高校确定了一批"课程思政"示范课程、"课程思政"教学名师和团队、"课程思政"教学研究示范中心，标志着"课程思政"迎来了在全国高校整体设计和全面推进的新局面。在此背景下，各种教学模式、方法、技术的探究与运用理应以厚植"课程思政"的精神底蕴为前提，展现其精神气质，这既是党和国家的政治要求，也是教育哲学的理论要求，更是"课程思政"实践中的现实追求。

一、"课程思政"的精神底蕴

"底蕴"一词通常用于指称那些内蕴和深藏于主体内部而不轻易示人，但又自然外溢并发挥深远积极作用的内容。学者将"课程思政"形容为"融盐于水""如春在花""随风入夜""润物无声"等，这里强调的是各门课程的思政元素挖掘与运用，强调其在高校育人体系中的隐性教育作用。从宏观上讲，思政元素大体分为三大类：爱国情怀、个人修养以及科学素养。其中，爱国情怀包括对党和国家意识、社会主义核心价值观、中华优秀传统文化等的认同与坚持；个人修养包括道德、三观、心理等，教学生如何做人；科学素养包括钻研勤奋、求实求真、批判创新等，教学生如何做事。

可以看出，"课程思政"在高校的教育教学体系中扮演的角色既不能缺位，也不能越位。但必须聚焦根源问题，着力厚植其精神底蕴，才能促使高校整个课程体系发挥协同育人的作用，提升立德树人的成效。从演绎的层面，我们认为对"课程思政"的精神底蕴的理解应包含四个方面的内容。

1. 政治方向感

社会主义国家的高校，应该永远把坚定正确的政治方向放在第一位。明确"课程思政"的建设方向是前提，继而才能考虑建什么、如何建的问题。每个国家都有按照自己的政治要求来培养人的诉求，"为党育人，为国育才"是中国共产党初心使命在教育领域的具体表现。我们要准确把握国家推进"课程思政"建设的政策意图和根本目标，在建设中牢牢把握政治方向，避免在实践中偏离。从这个意义上说，不论"课程思政"建设构建什么样的体系、采用什么样的路径、运用什么样的方法，为党育人的初心不能忘，为国育才的立场不能改，为社会主义现代化建设培养接班人的目标不能动摇。这种"政治方向感"是教育主体必须牢牢把握且始终贯彻的。

2. 价值导向性

"课程思政"的价值导向性是指在课程内容体系中挖掘的思政元素，以及这些元素植入的情感与价值目标的确立。鲜明的价值导向性是确保课程的意识性和学理性相统一、价值性和知识性相契合的必要前提。科学技术的飞速发展极大地推动了社会的变革和生产力的发展，但我们必须警惕"工具理性"至上，导致"价值理性"失语。在高等教育领域，克服两者之间的对立、整合两者之间的平衡是教育教学过程中的重要任务，只有充分认识到这一点，才能真正意义上扭转课程以知识传授为主的局面，用透彻的学理分析、精准的价值引导、响亮的情感共鸣夯实"课程思政"的精神底蕴。

3. 正确是非观

是非观通常指认知主体在辨别和处理重大是非问题方面的根本看法。学校教育是根据一定社会要求，有目的、有组织、有计划地对受教育者的身心施加影响，对于"拔节孕穗期"的青年学生而言，肯定什么、否定什么、批判什么，不能模糊。是非观是"课程思政"的精神底蕴在认知性维度的体现，高校的每一门课程、每一堂课，都需要对学生的认知倾向做出精准的识别、分类和评价，并在教学具体环节上设定目标与引导方法，才能发挥"课程思政"在是非观判断上的建设性、批判性作用。

4. 德行卓越度

我们强调学生的"德智体美劳""五育"并举，全面发展。五育并举并不是五育平举，德还是第一位的，也是引领性的，大学生的德行素养是他们在长期的学习教育实践中逐步形成的道德和精神品质，德行的实现对人的发展起着"方向性"作用。需要每一所学校、每一位老师、每一门课程、每一个教学环节进行系统、科学、有效的设计与引导，既要巩固和提升思想政治理论课的显性育人作用，也要充分挖掘和发挥公共基础课程和专业课程的隐性育人作用。因此，"课程思政"应以提升学生德行的卓越度与优越性为己任，培养合格的中国特色社会主义建设者和接班人。

二、"课程思政"与案例教学

"课程思政"的核心要义在于"把思想政治理论课之外的其他课程利用起来，发挥其育人的思想政治教育功能"，这是从教育哲学层面的整体课程观的革新。实现这一目标，需要广大教师进行底层的课程建设和课堂教学的范式变革。而案例教学的信息载体性、问题引导性、主体参与性等方法学特征，能够较好地服务于"课程思政"育人、全面提高人的综合素质的基本目标。因此，笔者通过带领江西中医药大学"案例教学本土化研究与实践"教学团队，探索"课程思政"与案例教学的融合，克服教学方法使用的"工具理性"思维，即教学方法的运用是有生命的，理应有其意识性、伦理性、历史使命性。将有价值、有深度、有温度的案例及其演化的教学方法融入"课程思政"的课堂，让学生通过课程学习，掌握事物发展规律、通晓天下道理、丰富知识、增长见识、塑造品格，从而让课程发挥"引大道、启大智"的作用。

三、"课程思政"视域下案例教学的精神气质

精神气质，即我们通常所说的"精气神"，人要有人的精气神，课应有课的精气神，"课程思政"就是要从整体上调整专业课教学的精神状态。"课程思政"视域下的案例教学理应内植中国特色社会主义的时代基因，构建应我之需、为我所用的，具有中国思政教育内涵、品位和精神气质的案例教学新模式。具体来讲，应呈现以下几种特质。

1. 教学目标坚持"真理"与"价值"的统一

从根本上说，教育是与追求真理和价值紧密相连的精神性事业。我国高校开设的各类课程不仅仅是一般意义上的理论课，更是特殊的育人课，必须坚持真理尺度与价值尺度的有机衔接、政治理念与科学观念的交相融合。作为真理尺度，它传递着科学认识成果，着力培养的是理论知识和理论思维的能力，是社会生活知识和理论联系实际的能力；作为价值尺度，它更强调坚定学生的政治立场与思想水平，培养学生关心社会现实、关心民族命运、关心人类未来的情怀。因此，如果说传统的案例教学将商业管理、法律案件、医学实践等真实事件迁移于教学，锻炼学生知识建构与专业实践能力。那么，"课程思政"视域下的案例教学则强调在案例基础上产生思想的启迪，获得事件背后蕴藏的理论真知和灵魂触动，继而帮助青年学生确立正确的世界观、人生观和价值观为目的的一种教学方法。

2. 教学信息兼顾"真实"与"论证"的统一

案例教学从最初就强调教学案例创作的真实性，这对于培养学习者的实践性和应用性来讲"无可厚非"，具有很强的目的性。但是，立足于"课程思政"视域下的专业课程教学特点，在关注案例真实性、契合性的基础上，注重的不是"纠缠"于具体的细枝末节，而是引导学生确立正确的价值观。当前，世界百年未有之大变局背景下的单边主义、贸易保护主义、逆全球化思潮的抬头以及西方错误思潮的渗透，对我国培养社会主义建设者和接班人构成了一定的挑战，无疑增加了"课程思政"建设的难度。基于此，仅有真实性的案例远远不能满足课程育人的需要，论证性案例作为观点澄清的性质，包括思想实验性案例和史实性案例，因其同样蕴藏着真实案例具有的矛盾冲突、观点争锋、价值争议，发挥着培养人的重要桥梁作用。从这个意义上说，相对于传统的案例教学模式，"课程思政"案例有着更广阔的空间，自然、社会、人类思维等所有领域的活动都可以纳入其中。

3. 教学主体体现"演员"与"编剧"的统一

一般意义上的案例课堂要求学生全员参与，学生必须完成自身角色的转换和定位。例如，学生可以扮演"法官""律师""医生""经理人""政府官员"等各种角色，并且融入角色进行分析、判断、决策。这就要求学生以"演员"的立场深入研究案例，尽可能捕捉案例涉及的关键人物的信息，将课堂作为情景再现，努力表现自我，抒发己见，据理力争，在观点的交锋和冲突中优化决策方案，学生以此获得解决真实问题的实践能力。然而，"课程思政"案例教学明显需要在教学目的上的升华，教学情感上的升温，同样需要学生积极参与，并在案例中扮演角色。但区别是更加强调从全局的角度把握案例特性，通过情感体验、逻辑思辨、历史演绎等方法洞察案例背后蕴藏的理论真知和价值立场，因此，学生不仅要有"演员"的感性思维与个体视角，更要有"编剧"的理性思维与整体视角。

4. 教学形式追求"过程"与"结果"的统一

传统的案例教学强调思维形式的开放。在哈佛模式中，一般坚持两种方式实现这种开放：一是让学生下沉到具体案例事件中通过实践着别人的实践，感悟角色职责的成败得失；二是自始至终教师提出问题，不预设标准答案，或不提供正确答案，尽可能激发学习者多元的思维路径，共享分析过程，训练学生解决问题的实际能力。从"课程思政"的要义及目的来看，这种教学模式如同"行百里者半九十"。因此，基于价值引导特性，面对案例中内含的争论与冲突、问题与矛盾，我们主张可以不给知识体系的标准答案，但绝不是最终不给价值体系的正确答案。教学设计中，既要遵循案例教学的过程开放，鼓励学生发表不同意见、分析问题和困境，通过思辨、批判以及推理等环节训练学生独立思考的能力，更要坚持"结果"的清晰，在价值体系上旗帜鲜明地对"正确答案"一锤定音，跑好课堂教学的"最后一公里"。

第四节　抗疫经典案例融入"卫生事业管理学" "课程思政"设计的基本思路

党领导全国人民抗击新冠疫情的伟大实践，是一部生动鲜活的爱党、爱国、爱社会主义教育的宏大实践教育素材，充分彰显了坚持党的领导的执政自信和中国特色社会主义制度优势。疫情发生后，我国众多高校将疫情防控教育融入各类课程的教学活动，广大教师采用抗疫素材，结合各自学科、专业、课程，对思政元素挖掘、教学方法、案例构建及教学策略进行了一些探索与实践。

我们拟通过"卫生事业管理学"这门培养我国卫生与健康管理人才的专业核心课程，将抗疫经典案例与"课程思政"教学设计有机结合，深入挖掘案例的思政价值，融入课程内容体系，落实"立德树人"根本任务，弘扬伟大抗疫精神，将价值塑造、知识传授和能力培养三者融为一体，探索专业课的"课程思政"教学改革实践。

一、"卫生事业管理学"课程性质与特点

（一）课程性质

如前文所述，"卫生事业管理学"是运用现代管理科学的理论、方法和技术，研究国内外卫生事业管理的基本规律，卫生事业管理的理论、方法及政策，提升卫生服务的社会效益和经济效益，进而提高人民群众健康水平的系统科学；是一门跨学科专业核心课程，涉及管理学、经济学、社会学和心理学等学科交叉知识，与国家卫生与健康政策设计与变迁紧密关联，特别注重时事性和探究性；是我国众多高校公共事业管理（卫生管理、医院管理等方向）、健康服务与管理、预防医学等专业的核心课程。

（二）课程特点

基于课程性质及在长期教学实践中的经验归纳，"卫生事业管理学"课程的特点可以概括为"三度融合"。

1. 构建学识之广度

课程尊重学科交叉规律，基于卫生事业管理的宏观治理架构，以我国卫生服务体系和职能分工为基本依据，将课程内容设计为涵盖组织、政策、资源、医疗、公卫、应急、医药、医保等专题模块。知识体系框架完整，逻辑合理，内容丰富，有助于学生形成结构化知识体系。

2. 探究思维之深度

务实与前沿并重，既需要立足于现实社会背景和资源禀赋，思考和解决在中国特色社会主义制度下如何促进卫生事业的健康发展；又要面向未来，培养学生时事追踪之习惯，政策解读之能力，透析世界各国改革之范式。开展前瞻性探究，运用辩证性思维、创新性思维和批判性思维，明晰事理，融会贯通，为我所用，促进我国卫生事业的可持续、高质量发展。

3. 追求精神之高度

追求知识传递与价值渗透之统一，课程充分关注中国特色社会主义制度体系与精神文化之间的互动及其对卫生健康事业治理的影响。帮助学生在学习中练达人情、洞明世事、唤醒灵魂，促进学生全面发展，为党和国家培养德才兼备的高级卫生管理人才。

二、抗疫经典案例融入"卫生事业管理学""课程思政"建设的重要意义

新冠疫情对我国医疗卫生体系提出了重大挑战，暴露出卫生健康治理领

域中公共政策和公共管理研究与实践的短板。如何完善重大传染病疫情防控应对与管理，如何完善重大突发公共卫生事件治理机制，如何建立重大突发公共卫生事件下的医疗资源供给与配置模式，如何构建公共卫生体系、医疗服务体系和医疗保障体系的融合协同机制，如何完善公共卫生人才培养机制等一系列卫生健康治理体系和管理能力问题，将成为卫生事业管理研究的重点和热点。因此，在这种背景下，本课程将抗疫素材与建设"课程思政"示范课程紧密结合，具有独特的优势和重要的意义。

1. 从课程建设角度

将抗疫经典案例自然、深入地融入课程内容，将有效的教育方法和学习方法融入"课程思政"课堂，将德育教育落细、落小、落实在"卫生事业管理学"教学的每个知识模块、每堂课中，既是推进"课程思政"建设的现实需求，也是提升课程教学质量的必然路径。

2. 从人才培养角度

促进教师团队主动将抗疫过程中涌现的经典人物、故事、案例、政策等素材作为思政元素融入教学，转化为"教师思政"与"课程思政"的教育资源，提升教学效益和育人效果，创新和完善育人方式和途径，输出正确的生命观、职业观、价值观，实现人才培养的"德业融合"。

3. 从学校办学角度

课程、课堂发挥着高校"立德树人"的主阵地作用，"卫生事业管理学""课程思政"建设以伟大的抗疫精神塑风铸魂，引导青年学生坚定理想信念、尊重生命、尊重科学，厚植以人民为中心的价值追求，有助于医药院校推进知识传递与价值引导双轮驱动、一体化、系统化建设。

三、抗疫经典案例融入"卫生事业管理学""课程思政"教学的设计

基本思路是以贯彻落实教育部《高等学校课程思政建设指导纲要》为出发点，以党领导全国人民抗击疫情的伟大实践为教育素材，以"卫生事业管理学"课程为载体，研究如何将抗击疫情的典型案例与"课程思政"教学实践相融合，挖掘思政元素、设计融入路径、创新教学方法。

（一）厘定"课程思政"目标

教学团队通过对我国卫生管理人才培养目标的审视，结合课程性质、课程内容及其在我校专业培养方案中的作用与地位的分析。确定"卫生事业管

理学"课程的思政目标定位：以习近平新时代中国特色社会主义思想为引领，立足于用现代管理思维思考和实践中国卫生健康事业改革与发展的现实问题，筑牢育人的四根柱子，即"涵养爱国主义情怀，坚定制度文化自信，厚植人民中心理念，肩负人类健康责任"，融合伟大抗疫精神，通过合理的教学方法疏导，发挥课程"引大道，启大智"之作用，如图4-17所示。

图4-17 "卫生事业管理学""课程思政"目标设计

1. 涵养爱国主义情怀

加强青年学生对社会主义新时代的"四个认识"。在卫生健康制度、政策、措施中正确认识世界和中国发展趋势、中国特色与国际环境，正确处理爱国情怀和历史使命、理想抱负和脚踏实地之间的关系。

2. 坚定制度文化自信

帮助青年学生牢固树立"四个自信"。在我国卫生健康事业取得的成就与改革的韧性中强化中国特色社会主义道路自信、理论自信、制度自信、文化自信，特别是中医药文化自信。

3. 厚植人民中心理念

指引青年学生深入理解以人民为中心的发展思想，倡导"以人民为中心，以健康为根本"的健康观，弘扬"仁爱"传统、舍生忘死和生命至上的价值追求。

4. 肩负人类健康责任

提升青年学生对习近平新时代中国特色社会主义思想的理解，尊重科学、命运与共，特别是深入领会习近平关于人类卫生健康共同体的重要论述及对中医药工作的重要指示精神。

（二）"课程思政"元素挖掘

教学团队坚持用专业课程帮助青年学生"正衣冠"的理念，根据"课程思政"目标，以高度契合"卫生事业管理学"课程教学内容体系为原则，紧扣时代背景，用"戴帽子、穿衣服、扣扣子、照镜子"的思路，采用文件解读、新闻分析、文献研究等方法挖掘、设计抗击疫情典型案例，师生共同参与，合作共享，梳理、分析每个案例的思政教育价值。

1. 思想引领法（戴帽子）

紧扣新时代背景下习近平总书记关于大学办学的"三问"（为谁培养人、培养什么样的人、怎样培养人）以及"三全育人"（全员育人、全程育人、全方位育人）思政教育语境。以社会主义核心价值观为引领，牢固树立"四个正确认识"，增强"四个自信"，构建"卫生事业管理学"课程的教学愿景，即"用健康梦托起伟大的中国梦"，充分挖掘课程内容体系中蕴含的爱国情怀、制度自信、社会责任、文化传播等思政元素。

2. 需求导向法（穿衣服）

"课程思政"体现了课程理性价值和工具价值的统一、科学教育与人文教育的融通，目的是提升思想政治教育亲和力和针对性，满足大学生成长发展需求和期待。教学团队在学生中开展充分的调查研究，结合教育学、心理学、传播学等理论，从逻辑上弄清楚学生需要怎样的价值引领，学生的需求如何满足，学生在学习中的获得感何以生成，从而明确需要挖掘什么、如何挖掘等。

3. 内容设计法（扣扣子）

基于学校特点及学生专业背景，以专题形式重构课程内容体系，让思政目标与教学内容环环相扣。如从中国卫生事业发展向全民健康梦迈进的伟大征程中涵养学生的爱国主义情怀，从举国同心抗击新冠疫情到全民医疗保障的逐步完善中坚定学生的制度文化自信，从生命至上的价值追求到医患命运共同体的构建中厚植学生以人民中心的理念，从科学配置卫生资源、医务人员伟大逆行到中医药抗疫创新贡献中提升学生肩负人类健康责任。层层解构，寻找元素，在原有的知识传递和技能传授中，提升、设计、融合价值引领的具体内容，自然衔接，扣好每一粒扣子，以达到育人"润物细无声"之效果。

4. 问题反思法（照镜子）

教学团队在每一轮的教学过程中，通过观察、测试、对话、调查、讨论等方法，及时发现学生存在的困惑、问题、疑虑，特别是在世界观、人生观、价值观上的错误与异化现象。反思目前的教学内容与方法能够解决什么、解决到什么程度、还可以解决什么、哪些问题没有考虑到等，再通过这些反思和总结，不断完善课程设计。

（三）思政元素融入路径

采取"目标—专题—元素—方法"层次解构法融入思政元素。以案例教学为主导，通过时事追踪、Seminar 研讨、调查实践、比较研究等教学方法引导学习者形成学习共同体，促进知识内化，培养高阶思维，达到知识传递与价值传导的有机统一。

1. 价值目标重塑

打破过去在教学目标设计上仅仅围绕知识目标和技能目标的教学范式，首选根据教学内容设计教学的价值目标，充分考虑校情、学情，做到价值引领与知识传递的精准对接。在教学过程中要通过导入、讨论、互动、小结、反馈等形式明确体现并实现价值目标。

2. 典型案例设计

挖掘、开发、完善案例，赋予案例教学方法更多的情感价值和理性渗透。案例采集的内容上除了注重与教学内容吻合性、针对性之外，还要充分考虑课程德育教育目标融合的准确性与契合性，并且要判断学生的认同性和可接受性；采集手段上师生要共同参与，共同挖掘与梳理，增强学生的主动性。

3. 教学实践体验

课堂教学以案例教学为主导和贯穿，将案例教学分为三种形式，即嵌入式案例讲解、典型案例分析、Seminar 研讨，积极利用第二课堂，教学团队负责引导、设计、指导学生的相关活动，让学生在开展调查研究、现场观察、实践参与等活动中，开展相关内容的体验、策划、评估与应急管理运作。

4. 信息载体植入

教学团队注重将教学信息更加鲜活地传递给学生，让思政元素以视频、图像、文案、人物、故事等多种形式呈现，引导学生在学习中利用信息化教育技术手段获取相关资源。同时，调动学生参与的积极性，鼓励学生通过自媒体制作、分享，传播课程中"正能量"元素。

（四）教学方法与教学环节

在教学方法与教学环节的设计上，遵循基本的教育理论与教学规律，以开放、共享、互动的理念优化教学过程，促进教学发展。通过视频、数据、案例等方法设计教学情景，通过调查、研究、讨论、运用等手段进行知识建构，学生通过"听、看、写、演、论"等环节进行强化训练，既能提高教师的教学动力，又能端正学生学习态度，从而使师生在教学互动中产生情感共鸣和价值涵养，共同享受教与学的"获得感"（见图4-18）。

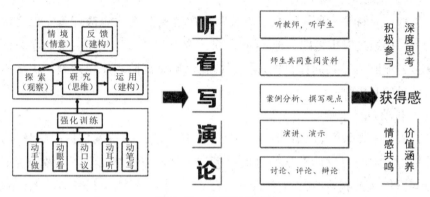

图4-18 教学环节设计

（五）教学评价环节

体现以学生为中心，注重改进学生学习效果，主要包括三个维度。

1. 自我成长维度

基于卫生管理人才专业培养的需求，端正学习态度，提升学习兴趣，增强主动学习意识；养成良好的学习习惯，善于思考，思维活跃，追求进步。认真完成学习过程评价，终结性考核成绩优异。

2. 社会适应维度

基于新时代卫生健康事业改革与发展的需要，使学生有人格上独立的素质和能力，以便使其在个人学习和职业生涯发展中，始终保持积极上进的心态，形成创新性、批判性思维，树立正确的价值观。

3. 职业发展维度

基于我国卫生与健康管理的职业化发展趋势，实现知识与技能、情感与价值的双重"获得感"，能够融会贯通和拓展运用卫生事业管理的基本理论与方法，思考和解决卫生事业管理中的现实问题。

四、教学中拟解决的几个关键问题

"卫生事业管理学"作为一门专业核心课程，其"课程思政"教学改革需体现课程理性价值和工具价值统一、科学教育与人文教育的融通。疫情防控呈现出的全民性、时代性和影响性决定了其具有深刻的教育功能，充分挖掘抗疫典型案例中的育人元素，应注重在教学理念、教学原则、教学策略上分别实现"三个统一"。

1. 教学理念：客观性和价值性的统一

既要注意正面的价值引导，也无须回避疫情防控中暴露出的社会治理缺陷与体制机制短板。要从党和国家意志出发，实事求是、立场鲜明、有理有据地开展教育引领。

2. 教学原则：开放性和规律性的统一

疫情为"课程思政"拓宽教学载体提供了重要契机，研究结合中医药院校实际、学生特点和卫生管理学科特色，注重教育规律，坚持贴切性、科学性和适度性原则，避免抗疫事件、精神、人物的泛化乃至神化。

3. 教学策略：理论性和实践性的统一

教学案例是从疫情防控等重大事件中提炼的精髓，关键要解决"是什么""为什么""怎样看"等问题。此次新冠疫情，大部分青年学生是过程的亲历者、见证者和参与者，他们有着切身的情感体验和价值判断。教学实践中要把学校小课堂同社会大课堂结合起来，实现从实践到理论再到实践的转换。

下篇 02

| 案 例 篇 |

模块一　生命至上

案例1　书写生命至上的中国答卷①

摘　要：案例通过介绍专家对《抗击新冠肺炎疫情的中国行动》白皮书的解读，体现我国在抗击新冠疫情过程中坚持生命至上的态度。以中国抗击新冠疫情为背景，通过总结中国抗疫的经验做法，感悟面对危难时的中国力量、中国精神、中国效率，更加深刻的体会生命至上的含义。

关键词：生命至上；白皮书；中国行动

2020年6月7日，国务院新闻办公室发布《抗击新冠肺炎疫情的中国行动》白皮书，在社会各界引发热议。专家认为，白皮书是真实记录中国抗疫艰辛历程的重要文献，全面总结了中国抗疫的经验做法，客观呈现了面对危难时的中国力量、中国精神、中国效率，描绘了中国抗疫的历史画卷，书写了生命至上的中国答卷。

全景记录抗疫历程

白皮书指出，新冠疫情是新中国成立以来发生的传播速度最快、感染范围最广、防控难度最大的一次重大突发公共卫生事件，对中国是一次危机，也是一次大考。在中国共产党领导下，全国上下贯彻"坚定信心、同舟共济、科学防治、精准施策"总要求，打响抗击疫情的人民战争、总体战、阻击战。经过艰苦卓绝的努力，中国付出巨大代价和牺牲，维护了人民生命安全和身

---

① 佘惠敏. 国新办发布《抗击新冠肺炎疫情的中国行动》白皮书：人民至上生命至上的中国答卷［N］经济日报，2021-01-02.

体健康，为维护地区和世界公共卫生安全作出了重要贡献。

"白皮书通篇用事实说话、用数据说话，是一个国家抗疫历程的全景记录，也是 14 亿中国人民的集体记忆。"中国工程院副院长、中国医学科学院院长王辰说。他认为，早期面对突发疫情，在对病毒和疫情的科学规律缺乏认识的情况下，中国能够迅速组织和动员社会各方面力量，凝聚社会资源，果断采取有效措施，在短期内即有效地控制住了病毒传播，有力地维护了人民健康和生命安全，取得了疫情防控阻击战重大战略成果，创造了人类抗疫史上的奇迹。

"白皮书讲述了中国的抗疫故事，坚定了全世界人民携手战胜疫情的信心！"中国工程院院士、北京大学第三医院院长乔杰认为，白皮书充分体现了中国始终坚持人民至上、生命至上的理念，保护人民生命安全和身体健康的坚定决心。这场严峻斗争的伟大实践充分证明，中国共产党领导和中国社会主义制度、中国国家治理体系具有强大生命力和显著优越性，能够战胜任何艰难险阻，能够为人类文明进步做出重大贡献。

防控救治协同作战

白皮书指出，面对突发疫情侵袭，中国把人民生命安全和身体健康放在第一位，统筹疫情防控和医疗救治，采取最全面、最严格、最彻底的防控措施，前所未有地采取大规模隔离措施，前所未有地调集全国资源开展大规模医疗救治，不遗漏一个感染者，不放弃每一位病患，实现"应收尽收、应治尽治、应检尽检、应隔尽隔"，遏制了疫情大面积蔓延，改变了病毒传播的危险进程。

中国疾控中心流行病学首席专家吴尊友说，我国积极借鉴以往应对新发传染病的防控经验，紧密结合中国国情，遵循流行病学规律，探索行之有效的方法手段，用中国办法破解疫情防控难题。中国迅速开展社会动员、发动全民参与，坚持依法、科学、精准防控，在全国范围内实施史无前例的大规模公共卫生应对举措，构建联防联控、群防群控防控体系，有效阻断了病毒传播链条，打赢抗击疫情人民战争。

北京朝阳医院副院长、主任医师童朝晖说，我国坚持集中患者、集中专家、集中资源、集中救治的"四集中"原则，坚持中西医结合，实施分类救治、分级管理。我国将全部重症危重症患者集中到综合实力最强的医院集中开展救治，调集最优秀的医生、最先进的设备、最急需的资源，不惜一切代价进行救治，这些做法大大降低了病亡率、提高了治愈率。

全民参与形成合力

白皮书指出，面对未知病毒突然袭击，中国坚持人民至上、生命至上，举全国之力，快速有效调动全国资源和力量，不惜一切代价维护人民生命安全和身体健康。中国共产党以人民为中心的执政理念，改革开放 40 多年来特别是中共十八大以来积累的雄厚综合国力和国家治理现代化建设的显著成效，中华民族同舟共济、守望相助的文化底色，中国人民深厚的家国情怀、天下情怀，汇聚成抗击疫情的强大合力。

清华大学公共管理学院教授薛澜说，果断的决策、统一的指挥、全民的动员、科学的应对，是中国取得抗疫斗争胜利的关键。我国取得抗疫胜利，离不开全民的配合。中国举全国之力、不惜一切代价抗击疫情，折射出中国共产党执政为民的理念。

北京市丰台区方庄社区卫生服务中心主任吴浩说，城乡社区作为疫情防控第一线，在分级诊疗、人才培养、科技支撑、社会治理等方面贡献了重要力量，取得了宝贵经验。在疫情防控中，中国三级预防保健的医疗体系发挥了重要作用，有效实现分级诊疗，最大化地利用现有医疗资源防控疫情、救治患者。我国构建联防联控、群防群控防控体系，社区和医疗机构形成整合型、协同分工合作的机制，大大提高医疗资源利用率。

思考问题：

1. 《抗击新冠肺炎疫情的中国行动》白皮书具有怎样的价值？
2. 我国为保护人民群众生命健康安全采取了哪些措施？
3. 我国在抗击新冠疫情中体现了怎样的责任与担当？

案例使用说明。

1. 案例的思政价值

坚定制度自信。在这场 14 亿中国人民众志成城抗击疫情的疫情防控阻击战中，中国共产党的领导和优越的社会主义制度发挥了极其重要的作用。成千上万共产党员响应号召冲向一线，全国百姓自觉安心居家、自行隔离。取得这些成就是极其不易的，当代大学生要加强对国家健康治理体系的认知，更加相信和热爱我们的党，更加坚定对中国特色社会主义的制度自信。

加强大学生生命健康和大爱教育。新型冠状病毒引起的肺炎疫情是严重的突发公共卫生事件，直接影响到人类的生命安全和健康，也影响到环境保护和生态文明。我们应该以此为契机，对青年大学生进行健康和生态文明教育，特别是生命观念的教育。进一步强化责任意识和担当精神，主动承担起时代的历史使命和责任，努力成长为担当民族复兴大任的时代新人，把这场突如其来的灾难转化为民族复兴的宝贵精神资源。

2. 案例分析要点

问题1：《抗击新冠肺炎疫情的中国行动》白皮书不仅是一部真实记录中国抗疫艰难险阻的重要文献，而且是2020年全体中国人民书写的波澜壮阔的历史。白皮书的发布，不但有助于积累抗疫经验、形成抗疫精神，而且有助于强化我国公共卫生体系建设。

问题2：这场保卫人民群众生命安全和身体健康的严峻斗争诠释了人民高于一切，生命重于泰山。采取的一系列精准防控措施，包括药品和物资供给保障、医疗工作者的安全保护、社区第一道安全防线的防控建设等首先围绕的就是尽最大努力防止更多群众被感染，尽最大可能挽救更多患者生命，筑牢人民群众的生命防线，充分体现了为民情怀。

问题3：我国抗击新冠疫情，体现了中国共产党不惜一切代价保护人民生命安全和身体健康的庄严承诺。生命至上、安全第一，是人民利益至上的具体表现，体现出中国社会的价值取向，体现出我国奉行生命至上的使命与担当。

3. 教学运用

本案例建议采用"典型案例分析法"实施。

（1）课前准备

案例于上课前一周发给学生，学生课前应阅读案例，并自行查阅更多的相关资料，了解我国在抗击新冠疫情中采取的措施，做好课堂讨论准备。

（2）课时分配（时间安排）：30分钟

典型案例分析实施路径

教学环节	预计时间（分钟）	教学形式
课前预习	—	学生查找案例背景资料，预习知识点
案例呈现	10	教师讲解或学生讲解
分析问题	10	教师引导学生发言
提问解惑	5	学生提出疑惑问题，师生回答

续表

教学环节	预计时间（分钟）	教学形式
教师总结点评	5	教师总结，注重案例思政意义的植入
合计	30	

（3）分析方式

教师与学生共同参与讲解，教师引导学生发言，答疑解惑，总结升华。

（4）教学总结

①学生课前准备是否充分，对于案例分析需要掌握的背景资料、核心知识、关键概念的了解情况。

②案例分析过程中，学生的态度，情感反馈，发言、提问环节等，能否遵守基本礼仪，语言表达是否清晰，逻辑是否合理，观点是否正确，是否具有较强的分析、判断、总结能力。

③学生陈述内容是否基本能够体现案例反映的现象与本质。比较分析中辩证思维的体现，对案例所体现的价值内涵的解读。

④案例教学中，课堂是否遵循案例教学的过程开放，鼓励学生发表不同意见、分析问题和困境，通过思辨、批判以及推理等环节训练学生独立思考的能力；提高思政"结果"的清晰度，加强价值引导效果。

案例2　大医仁爱　守护生命①

摘　要：案例通过介绍钟南山及无数医务工作者在抗击新冠疫情中的实际行动，诠释了生命至上的理念。以抗击新冠疫情为背景，通过引用新闻媒体的报道与评价，回顾抗击疫情过程中钟南山及无数医务工作者做出的突出贡献，使大学生更加深刻地体会生命至上的内涵。

关键词：生命至上；新冠疫情；疫情防控

2003 年，抗击"非典"勇挑重担；2020 年，抗击"新冠"再次出征。

---

① 肖思思，徐弘毅. 钟南山：健康所系　生命相托［N］. 光明日报，2020-11-11.

"在防控新冠疫情中，付出的代价很大。把人的生命和健康放在第一位，我们做到了。"2020 年 11 月 9 日，"共和国勋章"获得者、中国工程院院士、国家呼吸系统疾病临床医学研究中心主任钟南山在全国抗击新冠疫情先进事迹报告会上说。2020 年，面对突如其来的新冠疫情，84 岁的钟南山以实际行动诠释"人民至上、生命至上"理念，提出的防控策略和救治措施挽救了无数生命。

逆行出征战新冠

2020 年 1 月 18 日，钟南山登上从广州开往武汉的高铁。他临危受命担任国家卫健委高级别专家组组长，为的是查明武汉报告的一种未知"新型肺炎"。此前几天，钟南山还向全国民众呼吁，普通人如果没有迫切需要，不要前往武汉。在武汉实地调研后，国家卫健委高级别专家组确认，这种"新型肺炎"已经出现"人传人"现象。2020 年 1 月 20 日，钟南山在北京接受媒体采访时，果断向社会公布新冠肺炎存在"人传人"的情况，拉响了全国新冠疫情防控的警报。

此后，钟南山多次出席新闻发布会，为公众答疑解惑，为一线战"疫"注入信心。"全国帮忙，武汉是能够过关的！武汉本来就是一个英雄的城市。"2020 年 1 月 28 日，在武汉抗击新冠疫情最为焦灼的时刻，钟南山接受新华社专访时动情地说。这并不是钟南山第一次"敢医敢言"。早在 2003 年"非典"疫情期间，他在"衣原体是病因"几乎已成定论的背景下，提出并证实"非典"的病因是一种新型冠状病毒。

2020 年 8 月，国家主席习近平签署主席令，授予钟南山"共和国勋章"，以表彰他在抗击新冠疫情进程中做出的杰出贡献。

敢挑重任勇担当

"什么是最大的人权？我们保住了这么多人的命，这是我们最大人权的表现。"在全国中小学生的"开学第一课"上，钟南山动情地说。

2020 年 8 月 27 日，钟南山率广州医科大学附属第一医院重症医学科团队对外宣布，一位使用体外膜肺氧合（ECMO）辅助支持长达 111 天的新冠患者成功康复出院，创造了医学救治的奇迹。ECMO 是目前针对严重心肺功能衰竭最核心的支持手段，被视为重症患者"最后的救命稻草"。钟南山说："在救治过程中，只要有一线希望，我们可以不惜一切代价。即便看起来必死无疑的患者，我们还是要像绣花一样抢救回来。"

在 2003 年抗击"非典"中，钟南山一句"把最危重的病人送到我这里来"落地有声、铿锵有力；在抗击新冠疫情中，他再次做出"决不放弃任何一个患者"的庄严承诺。在抗击新冠疫情的关键时期，钟南山还多次通过远程医疗平台为湖北等地危重症患者会诊，给当地医生和患者吃下"定心丸"。

"由于武汉的患者多，中央立刻组织了全国42000多名医务人员来支援武汉，而且在非常短的时间内建起了火神山、雷神山医院。援鄂医务人员，个个以能够参加抗疫为荣。"钟南山说："把人的生命和健康放在第一位，我们做到了。""我只是一个普通的医疗工作者，能够得到'共和国勋章'，很激动。但我更多考虑的还是'责任'两个字。""我们要加倍努力，建好呼吸疾病和突发公共卫生事件的防控平台，为进一步战胜新冠肺炎和防控新的突发公共卫生事件贡献我们的力量。"钟南山说。

健康所系佑生命

在全国抗击新冠疫情先进事迹报告会上，钟南山说，各行各业的抗疫英雄目标一致，只因"健康所系，生命相托"。"国际上的疫情还是比较严重的，我们不能就此停止，要提升科研、防治水平，为全世界贡献更大的力量。"在一线指导救治的同时，钟南山始终坚守在国际医学研究一线，第一时间分享中国的抗疫做法和经验。

"传染病是没有国界的，战胜疫情需要全球合作。"钟南山说，在新冠疫情和未来可能暴发的其他疫情面前，人类更需要共同面对。"通过交流，可让其他国家少走弯路。因为我们走过了艰难的路，所以要相互支持。"2020年1月21日，科技部宣布成立以钟南山院士为组长、14位专家组成的新型冠状病毒感染的肺炎疫情联防联控工作机制科研攻关专家组，国家层面将迅速启动应急科技攻关项目，着重在病毒溯源、传播途径、动物模型建立、感染与致病机理、快速免疫学检测方法、基因组变异与进化、重症病人优化治疗方案、应急保护抗体研发、快速疫苗研发、中医药防治10个方面进行部署①，为一线防控治疗工作提供科技支撑。如今，钟南山带领的科研团队已经在快速检测、老药新用、疫苗研发、院感防控、动物模型等方面取得了一系列成果，在疫情防控中发挥了重要作用。

思考问题：

1. 钟南山为抗击新冠疫情做出了哪些贡献？
2. 案例中哪些地方体现了生命至上的理念？

---

① 科技部. 成立新型肺炎科研攻关专家组　钟南山任组长［EB/OL］.（2020-01-24）. 财新网.

3. 从此次抗击新冠疫情的经验中，如何更好地诠释生命至上？

案例使用说明。

1. 案例的思政价值

激发大学生立志成才报国的使命感。中华民族伟大复兴的道路上势必充满着艰难险阻，这需要一代代青年人像钟南山院士一样心系国家、甘于奉献、接续奋斗。当代大学生要在实现中华民族伟大复兴的时代洪流中踔厉奋发、勇毅前行，怀揣成才报国的使命感，抓紧时间学习知识、充实力量，争做国家栋梁和有用人才，自觉承担起国家和时代赋予的使命。

引导大学生深化社会主义核心价值观。钟南山院士医者仁心和大爱无疆令人倍感温暖、备受鼓舞，应引导新时代青年向英雄学习、向前辈学习、向榜样学习，向无数"逆行者"学习。新时代青年学生正处于人生积累阶段，肩负着时代的重任，要紧跟时代步伐，听党话，跟党走，坚定理想信念，自觉践行社会主义核心价值观，做社会主义核心价值观的坚定信仰者、积极传播者、模范践行者，努力成为堪当民族复兴重任的时代新人。

2. 案例分析要点

问题1：面对突然暴发的新冠疫情，钟南山提出防控策略和救治措施，挽救了无数生命。他始终坚守在第一线，像铁人一样工作：4 天内奔赴武汉、北京和广州，与时间赛跑，花费数小时进行调研，召开会议，远程会诊，接受媒体采访，在飞机上探讨治疗方案，用他的经验给大家足够的信心和安全感，体现了医者仁心和大爱无疆，彰显了敢医敢言和国士担当。

问题2：一位使用体外膜肺氧合（ECMO）辅助支持长达 111 天的新冠肺炎患者成功康复出院，创造了医学救治的奇迹。钟南山说："在救治过程中，只要有一线希望，我们可以不惜一切代价。即便看起来必死无疑的患者，我们还是要像绣花一样抢救回来。"新冠疫情暴发初期，由于武汉的患者多，中央立刻组织了全国 42000 多名医务人员支援武汉，而且在非常短的时间内建起了火神山、雷神山医院。

问题3：生命至上就是把人民群众的生命安全放在最重要的位置，不惜一切代价保护人民生命安全和身体健康是我们社会的价值取向。救治病人的过程中，不放弃一线希望，不惜一切代价拯救病人的生命。

3. 教学运用

本案例建议采用"嵌入式案例讲授法"实施。

（1）课前准备

课前布置学生查阅相关资料，了解以钟南山为代表的医务人员在抗疫过程中为保护人民群众的生命安全还做出了哪些行动，做好课堂互动准备。

（2）课时分配（时间安排）：15分钟

嵌入式案例讲授实施路径

模块	内容	讲授	思政元素
模块一……	知识点1	嵌入式案例引导、举例、解释……	思政元素隐性渗透
	知识点2		
	……		

（3）讲授方式

按照课程相关知识点需要，教师主动引入案例进行引导、举证、说明，学生可自由发言，开展碎片化、快速化互动。

（4）教学总结

①学生课前准备是否充分，对于案例讲授环节需要掌握的背景资料、核心知识、关键概念的了解情况。

②教师讲授过程是否主题明确，知识点嵌入是否合理，学生发言是否能够遵守基本礼仪，是否语言清晰、逻辑合理、观点正确，是否具有较强的互动共情能力。

③师生陈述的内容能否体现案例反映的现象与本质，对案例所体现的价值内涵解读是否全面。

④案例讲授中，是否遵循案例教学的过程开放，鼓励学生发言，培养学生独立思考的能力；思政元素植入是否自然，在价值引导上效果如何。

案例3　生命是最重要的人权①

摘　要：案例从2020年《开学第一课》节目中的"抗疫天团"以及奋战

---

① 汤嘉铭 田宏炜 钟南山：人的命是最重要的人权［EB/OL］.（2020-09-01）央视新闻网.

在抗疫一线的青年医护代表、坚守在不同岗位的平凡英雄、收获成长的青少年学生代表等，引出我国在抗击新冠疫情过程中，对人民群众生命安全的重视，体现生命至上的态度。以几位抗疫杰出代表的事迹为背景，让学生体验生命至上的原则。

关键词：全民抗疫；新冠疫情；生命至上

每年 9 月新学年开学之际，《开学第一课》都会如约与全国中小学生见面。2020 年，我国遭遇史上罕见的新冠疫情，在全民抗疫的大背景下，这堂《开学第一课》注定非同寻常、令人难忘！在这堂特殊的"第一课"上，有在抗疫全民行动中最具分量的榜样人物和英雄代表：其中有"共和国勋章"获得者钟南山，有"人民英雄"国家荣誉称号获得者张伯礼、张定宇、陈薇，有复旦大学附属华山医院感染科主任张文宏、中国疾控中心流行病学首席专家吴尊友。此外，还有奋战在抗疫一线的青年医护代表、坚守在不同岗位的平凡英雄、收获成长的青少年学生代表等。

钟南山："人的命是最重要的人权！"

2020 年 8 月 11 日，国家主席习近平签署主席令，授予 84 岁的钟南山院士"共和国勋章"，表彰他在抗击新冠疫情斗争中做出的杰出贡献。在 2020 年《开学第一课》的课堂上，钟南山结合个人成长经历和真实感悟，讲述自己在战火中出生、在父母影响下学医从医、在"非典"时挺身而出，以及在新冠疫情发生时奔赴武汉一线的故事，激励年轻一代热爱生命、敢于担当。

"1 月 23 日上午 10 点，武汉关闭了离汉通道，这座英雄的城市，经历了整整 76 天 1814 小时的封锁，换来了让中国至少减少感染 70 万人。这就是我们的国家，首先抓住人的生命是第一宝贵的。"节目中，钟南山掷地有声地说道，"人的命是最重要的人权！我们保住了这么多人的命，这是我们最大人权的表现！"

张定宇："一定要为我们的国家筑起一道生命的长城！"

"他虽然身患渐冻症，但是他的背挺得笔直，挺起了万家灯火的希望！"课代表陈琪方在节目中这样介绍他。他叫张定宇，是"人民英雄"国家荣誉称号获得者、武汉市金银潭医院院长，也是一个渐冻症患者。从武汉疫情阻击战打响的那一刻起，张定宇就拖着蹒跚的脚步，日夜奋战在一线。也正因如此，他被人们称为"铁人院长"。他的妻子同为医务人员，因感染新冠病毒，那时正在另一家医院接受隔离治疗。张定宇回忆起除夕之夜，当他准备跟妻子视频时，突然收到了紧急通知："解放军 3 支医疗队，陆海空 450 人组成的医疗队已经集结完毕，将搭乘军用飞机，3 小时后抵达武汉！"那一刻，张定宇用四个字形容自己的心情："神兵天降！"他在心中下定决心："我一定要为我们的病人，为我们的城市，为我们的国家筑起一道生命的长城！"

在《开学第一课》上，张定宇还分享了很多发生在疫情期间的动人故事，充分展现了在党中央坚强领导下，全国人民同舟共济、守望相助的团结力量。当谈到生命的意义时，身患渐冻症的张定宇以一种坚强乐观、不屈不挠的态度说："生命就是我们要珍惜每一刻、每一分、每一秒。"他的"一堂课"让同是武汉人的撒贝宁哽咽，并与他紧紧相拥。

张文宏："健康成长比成绩更重要。"

2020 年 8 月 19 日，第十二届"中国医师奖"名单正式公布，复旦大学附属华山医院感染科主任张文宏医生榜上有名。金句频出的他，总是能用通俗易懂的语言为大众进行防疫知识普及，深受网友欢迎。在《开学第一课》的课堂上，张文宏用生动可感的语言，结合简洁直观的动画，为全国中小学生送上了既科学又实用的十大"少年儿童卫生健康宝典"，从日常生活的点点滴滴向学生强调公共卫生意识的重要性。其中针对"洗手"，张文宏医生明确提出要"洗手超过二十秒"，并风趣地解释道："当你唱《祝你生日快乐》这首歌两次，基本上就达到二十秒的水平了。"除此之外，张文宏从睡眠、饮食、运动等方面给学生提出了具体的建议。这也是《开学第一课》给学生送上的宝贵的开学礼物，希望学生认识到身体健康永远是第一位的，就像张文宏最后强调的一样："健康成长比成绩更重要"。

生命权是最基本也是最重要的人权，因为"生命权是一个人之所以被当作人类伙伴所必须享有的权利"。如果无法充分保障人的生命权，那么一切其他权利都是空中楼阁。己立立人，己达达人。中国把生命权放在第一位，不仅最大限度地保护了中国人民的生命安全和身体健康，也为世界抗击疫情的战斗，为维护世界人民的生命安全和健康做出了重要贡献，充分彰显了大国担当，生动诠释了国际人道主义精神①。

思考问题：

1. 为什么说生命是最重要的人权？

2. 为什么要践行生命至上，如何践行生命至上？

3. 从这一期的《开学第一课》中，能够获得哪些启示？

---

① 丁建庭. 人的生命是最重要的人权 [N]. 南方日报，2020-09-04.

案例使用说明。

1. 案例的思政价值

引导大学生心怀"国之大者"。"国之大者"是具体的，主要包括国之大局、国之大要、国之大事、国之大计等。案例中，钟南山、张定宇、张文宏等人是值得新时代大学生推崇的标兵模范，引导大学生将现实案例结合党史学习教育要求，深刻理解把握"国之大者"的深刻内涵、历史依据、内在逻辑，不断提高大学生的政治判断力、政治领悟力、政治执行力，切实把增强"四个意识"、坚定"四个自信"、做到"两个维护"落到具体行动上。

营造全社会向上向善的良好氛围。钟南山、张定宇、张文宏等在平凡工作中创造了不平凡的成绩。青年大学生的"第一粒扣子"非常重要，应在全社会继续传播好榜样影响，发挥榜样作用，积极传播真善美、传递正能量，营造全社会向上向善的良好氛围，从而带动更多人向上向善，弘扬社会主义核心价值观，引导青年大学生带着爱心和奉献精神躬身实践，为实现中华民族伟大复兴奉献自己的光和热。

2. 案例分析要点

问题1：生命权是最基本也是最重要的人权，因为"生命权是一个人之所以被当作人类伙伴所必须享有的权利"。如果无法充分保障人的生命权，那么一切其他权利都是空中楼阁。己立立人，己达达人。中国把生命权放在第一位，不仅最大限度地保护了中国人民的生命安全和身体健康，也为世界抗击疫情的战斗，为维护世界人民的生命安全和健康做出了重要贡献，充分彰显了大国担当，生动诠释了国际人道主义精神。诚如世界卫生组织总干事谭德塞所评价的："中国政府采取了非同寻常的措施来遏制疫情，中国应该得到感谢与尊敬。"

问题2：中国青年要践行生命至上，实际上就是要珍爱自己的生命。生命至上，集中体现了中国人民深厚的仁爱传统和中国共产党人以人民为中心的价值追求。人的生命是最宝贵的，生命只有一次，失去不会再来。在保护人民生命安全面前，必须不惜一切代价，也能够做到不惜一切代价，因为中国共产党的根本宗旨是全心全意为人民服务。

问题3：这场别开生面的《开学第一课》以"担当""团结""科学"这三个词为主题，而这正是我们抗疫成功的钥匙。《开学第一课》的第一讲，是国士无双的钟南山院士做的演讲，慈祥平和的他说出了这样严肃的一句话："人的生命，是第一宝贵的。"我们是多么幸运，即使在疫情期间按下经济"暂停键"，我们党和国家也依旧非常明确地把人民群众生命安全和身体健康放在第一位。从抗击新冠疫情一线战场，到全国各地城乡社区，人民至上、生命至上的理念贯穿始终。安全稳定的生活来之不易，我们现在的生活非常值得珍惜，因为我们都是新冠疫情的幸存者。珍爱生命，才对得起英雄的奉献和牺牲。

3. 教学运用

本案例建议采用课后自学案例法实施。

（1）课后布置

课后要求学生自行收看 2020 年的《开学第一课》，查阅相关资料，加强对我国在抗疫过程中更多杰出人物事迹的了解，在下次课前做好上课提问准备。

（2）课时分配（时间安排）：不限

课后自学案例实施路径

教学环节	教学内容	教学形式	思政元素
自学前	已学知识的复习，案例资料的获取，明确问题	教师指导，资料提供	加强学生自主学习意识和习惯，培养团队协作精神与沟通能力，开发思政自我教育意识和能力
自学中	案例学习，讨论交流	小组讨论、提炼发言纲要	
自学后	总结与反思	教师随堂提问、抽查、小结	

（3）自学方式

共同学习交流，案例资料分析，分组讨论问题，进行总结与反思。

（4）教学总结

①任务是否明确，学生课后是否真实开展相关活动。

②学习过程态度是否认真、参与度如何，讨论交流是否充分合理，是否体现较强的沟通与团队协作的能力。

③小结或回答提问能否体现案例反映的本质，对案例所体现的价值内涵解读是否全面、深刻。

④自主学习中，是否遵循案例教学的过程开放原则，学生是否充分表达意见，小组能否达成共识，思路是否清晰。

模块二 举国同心

案例4 举国之力确保医疗物资保障有序有力①

摘　要： 案例从新冠疫情暴发之初，我国举全国之力做好医疗物资保障工作，引出我国在应对突发公共卫生事件时，举国同心、共渡难关的雄心壮志。让学生体会在疫情暴发之时，我国是如何做到同舟共济、众志成城，与时间赛跑，与病魔抗争，举国上下同心协力，共同抗击新冠疫情的。

关键词： 物资保障；疫情防控；新冠疫情

在新冠疫情发生后，党中央高度重视，习近平总书记亲自指挥、亲自部署、亲自推动疫情防控工作，提出"坚定信心、同舟共济、科学防治、精准施策"的总要求，强调把人民群众生命安全和身体健康放在第一位，采取切实有效措施，坚决遏制疫情蔓延势头。习近平总书记多次就医用防护物资供应问题做出重要指示、批示，为做好医疗物资保障工作提供了根本遵循。根据党中央、国务院部署，工业和信息化部牵头国务院应对新冠疫情联防联控机制医疗物资保障组工作。按照党中央统一领导、统一指挥、统一行动的要求，全力以赴确保医疗物资生产供应，为打赢疫情防控阻击战提供有力支撑。

坚持全国一盘棋，把保障武汉和湖北作为重中之重

党中央把武汉和湖北的疫情防控作为重中之重，强调疫情防控不是医药卫生问题，而是全方位的工作，是总体战，各项工作都要为打赢疫情防控阻

---

①　中共工业和信息化部党组．疫情防控期间全力以赴确保医疗物资保障有序有利［J］．中国信息化，2020．5：5-7．

击战提供支持。医疗物资供应保障作为当下最紧急、最重要的政治任务，必须坚持全国一盘棋，统筹各方面力量支持疫情防控。

疫情暴发初期，来势汹涌、扩散迅猛，全国各地特别是湖北省和武汉市对医疗物资的需求骤增，医疗物资保障任务急迫而艰巨。2020 年 1 月 23 日，湖北省提出第一批需求清单后，党中央紧急安排中央医药储备迅速向武汉调送口罩、防护服等重点物资，以医疗物资保障组名义协调部分省市党委政府集中本地医用物资、全力驰援武汉。很多省市主要负责同志接到调令后，第一时间做出指示，安排得力人手，争分夺秒，连夜组织调运。一些企业积极响应国家号召，果断将用于出口的产品交由医疗物资保障组应急使用。

截至 2020 年 2 月 25 日，医疗物资保障组累计向湖北省供应医用防护服 283.64 万件、N95 医用口罩 248.2 万只、隔离衣 92.2 万件、医用隔离眼罩（面罩）82.1 万个、免洗手消毒液 196.25 吨、84 消毒液（5%）11.79 万箱、手持式红外测温仪 15.8 万个，其他大量进口医疗物资也都优先供应湖北，经分拣、检测后做应急使用；累计供应负压救护车 516 台，急需医疗器械产品 38 类 5.5 万多台（套）。

集中力量办大事，千方百计提升国内生产供应能力

集中力量办大事是我国国家制度和国家治理体系的显著优势之一，是打赢疫情防控阻击战的重要法宝。新中国成立后，在重大战略实施、重大科技攻关、重大工程建设、重大灾害防治的过程中，我国逐步形成了集中力量办大事的制度优势。这次疫情暴发后，全国上下克服疫情扩散导致的缺员工、缺设备、缺原材料和资金紧张等突出问题，全力推动医疗物资生产企业复工达产、竭力扩能，支持有条件的其他行业企业加快转产、尽早达产，在短短 20 天时间里，实现了医用防护服和 N95 医用口罩产能产量双双十数倍增长，并且争分夺秒地供应到抗疫第一线，进一步彰显了"中国制度"的巨大力量。

中国共产党领导是中国特色社会主义最本质的特征，是中国特色社会主义制度的最大优势。这个最本质特征和最大优势，核心就在于坚定维护党中央权威和集中统一领导。各地区各部门各司其职、协调联动、紧急行动、全力奋战，共同推动医疗物资保障工作有力有序开展，为迎来整体战役转折点创造必要条件。实践证明，党的领导越坚强，各方面积极性调动得就越好。在全力提升保障能力的过程中，中央企业充分发挥了主力军、国家队作用；广大民营企业家响应党的号召、不讲条件，宣示了爱国情怀和时代担当；一大批外资企业发挥优势、积极出力，奉献了爱心和力量，特别是广大职工不分昼夜、辛勤工作，展现了工人阶级的政治觉悟和顽强意志。

党中央、国务院紧急部署，各地各部门全力以赴，一系列实招硬招密集出台，重点行业企业加班加点、增产扩产，中国制造力量全面动员——工信部立即安排中央医药储备紧急调用，加紧国际采购和标准对接，建立重点企业生产临时调度制度，派出驻企特派员全力扩大国内生产；国家发展改革委等部门建立了国家临时收储制度，组织多批企业通过技术改造扩能、增产、转产，有力保障全产业链协调运行；国务院国资委建立与央企、医疗物资生产一线单位直通专线，全力推进重点医疗物资生产；交通运输部加快疏通物流"堵点"，保障生产所需原料运输畅通；海关总署为疫情防控物资入境开辟绿色通道；相关部门对疫情防控重点保障企业实行名单制管理，给予税收、金融支持，企业要增产扩产，用工、技术、原材料、资金都要跟上。在各地，针对困难"马上就办"，一系列"非常之举"就此展开。

面对突发重大公共卫生事件，打好后勤保障战，更要从长效机制入手，发现不足、补齐短板。2月14日召开的中央全面深化改革委员会第十二次会议提出，要健全统一的应急物资保障体系，优化重要应急物资产能保障和区域布局，健全国家储备体系等①。

思考问题：

1. 疫情暴发之后，我国采取了哪些措施来保障医疗物资的供应？

2. 我国为什么能够在短时间内凝聚力量，抗击新冠疫情？

3. 从此次应对突发新冠疫情的经验中，你能获得哪些启示？

案例使用说明。

1. 案例的思政价值

提高大学生对社会主义制度优势的认识。中国共产党领导是中国特色社会主义最本质的特征，是中国特色社会主义制度的最大优势。这个最本质特征和最大优势，核心就在于坚定维护党中央权威和集中统一领导。中国特色社会主义制度是一个严密完整的科学制度体系，其中具有统领地位的是党的领导制度。党的十八大以来，习近平总书记鲜明提出并多次强调"中国特色

---

① 新华社. 分秒必争，打好医疗物资保障战：全国全力保障医疗物资供应［EB/OL］.（2020-03-06）中国政府网.

社会主义制度的最大优势是中国共产党领导"。明确中国特色社会主义最本质的特征是中国共产党领导，中国特色社会主义制度的最大优势是中国共产党领导，中国共产党是最高政治领导力量，作为新时代的青年必须增强"四个意识"、坚定"四个自信"、做到"两个维护"。深刻领会、准确把握"中国特色社会主义制度的最大优势是中国共产党领导"这一重大论断，更好地发挥这一最大优势，对于深入学习贯彻习近平新时代中国特色社会主义思想具有重要意义。

增强大学生居安思危的意识。忧患意识任何时候都不可或缺，而且形势越好、发展越顺利，越要克服懈怠情绪、增强忧患意识。疫情大考的大背景下，即便已步入常态化疫情防控，居安思危的意识也不能丢失，未来属于青年，居安思危有备无患的精神值得每一个大学生牢记于心。

2. 案例分析要点

问题1：疫情最初在武汉暴发时，我国紧急安排中央医药储备迅速向武汉调送口罩、防护服等重点物资，以医疗物资保障组名义协调部分省市党委政府集中本地医用物资、全力驰援武汉。很多省市主要负责同志接到调令后，第一时间做出指示，安排得力人手，争分夺秒，连夜组织调运。一些企业积极响应国家号召，果断将用于出口的产品交由医疗物资保障组应急使用。在国务院联防联控机制的统筹下，建立按日供需精准对接机制和重点企业调度机制，实施国家统一管理、统一调度制度，全力保障疫情防控物资的需要。

问题2：我国在疫情防控中，坚持全国一盘棋，这是中国特色社会主义制度优越性的集中体现。坚持全国一盘棋，全国上下充分发挥联防联控机制的作用，努力做好疫情防控工作。与时间赛跑，与病魔抗争，疫情发生地的干部群众凝聚起同舟共济、众志成城的磅礴力量。

问题3：坚持中国共产党的领导，做到举国同心，抗击新冠疫情。中国共产党领导是中国特色社会主义最本质的特征，是中国特色社会主义制度的最大优势。这个最本质特征和最大优势，核心就在于坚定维护党中央权威和集中统一领导。中国特色社会主义制度是一个严密完整的科学制度体系，其中具有统领地位的是党的领导制度。中国共产党是中华民族伟大团结精神的积极弘扬者，团结一切可以团结的力量、调动一切可以调动的积极因素而共同奋斗，是中国共产党领导中国人民取得革命、建设和改革胜利的重要经验。

3. 教学运用

本案例建议采用典型案例分析法实施。

（1）课前准备

案例于上课前一周发给学生，学生课前应阅读案例，并自行查阅更多相关资料，了解我国在抗疫过程中如何统筹全局，科学防疫，做好课堂讨论准备。

（2）课时分配（时间安排）：30 分钟

典型案例分析实施路径

教学环节	预计时间（分钟）	教学形式
课前预习	—	学生查找案例背景资料，预习知识点
案例呈现	10	教师讲解或学生讲解
分析问题	10	教师引导学生个人发言
提问解惑	5	学生提出疑惑问题，师生回答
教师总结点评	5	教师总结，注重案例思政意义的植入
合计	30	

（3）分析方式

教师与学生共同参与讲解，教师引导学生发言，答疑解惑，总结升华。

（4）教学总结

①学生课前准备是否充分，对于案例分析需要掌握的背景资料、核心知识、关键概念是否了解。

②案例分析过程中，学生的态度，情感反馈，发言、提问环节能否遵守基本礼仪，语言表达是否清晰，逻辑是否合理，观点是否正确，是否具有较强的分析、判断、总结能力。

③学生陈述内容是否基本能够体现案例反映的现象与本质。比较分析中辩证思维的体现，对案例体现的价值内涵的解读。

④案例教学中，课堂是否遵循案例教学的过程开放，鼓励学生发表不同意见、分析问题和困境，通过思辨、批判以及推理等环节训练学生独立思考的能力；提高思政"结果"的清晰度，加强价值引导效果。

案例 5   "中国速度"背后的"中国力量"①

摘　要: 案例从抗击新冠疫情期间，火神山与雷神山两座医院建设背后的故事，引出我国在抗击新冠疫情时团结一心，集中力量办大事的显著优势。以两座医院的建设为背景，体会我国如何做到"十天建完一座医院"，感受"一方有难，八方支援"的爱国情怀。

关键词: 中国速度；疫情防控；新冠疫情

武汉火神山、雷神山医院的建成，堪称"奇迹"。2020 年 1 月，仿照非典时期"小汤山"的医院模式，这两所应急专科医院拔地而起。十天时间，从设计到交工，"两山"医院建设展现了世界第一的"中国速度"。在疫情的威胁下，每一个简单环节都成了艰巨的挑战。来自天南地北、全国各地的"逆行者们"火速驰援武汉，见山穿山，遇河搭桥，共同创造了这个"奇迹"。

"一呼百应"的中国力量

疫情暴发初期，不断增加的定点医院床位数量，难以跟上疫情蔓延的速度。根据 2003 年抗击"非典"时的经验，新建集中收治疫情患者的医院，能够迅速扭转病患救治的被动局面。这一经验迅速成为社会共识。2003 年 4 月，北京建成可容纳 1000 张病床的小汤山医院，两个月内收治了全国 1/7 的"非典"病人，其间无一名医护人员被感染，创造了人类医学史上的奇迹。

2020 年 1 月 23 日，武汉市政府决定参照北京"小汤山医院"模式建设一所专门收治新冠肺炎患者的医院——火神山医院。面对不断变化的疫情，1 月 25 日下午，武汉市决定在火神山医院之外，半个月之内再建一所"小汤山医院"——武汉雷神山医院，新增床位 1300 张。

然而，时值春节假期，许多农民工返乡过年，短时间内很难调集大量建设工人。负责火神山施工的中建三局总承包公司技术部经理叶建介绍，1 月 23 日进场当晚，中建三局迅速调集了武汉市正在加班的五个建设项目中的

---

① 徐海波. 揭秘火神山雷神山医院建设背后的"中国力量"［N］. 经济参考报，2020-02-24.

1400 多名工人，场地平整等工作才可以迅速展开。与此同时，中建三局还广发"英雄帖"，通过劳务分包公司迅速召集工人。湖北某劳务公司在 1 月 23 日晚接到通知后，24 日一大早就带着一辆大巴直奔恩施，沿路到宜昌、荆门、荆州、仙桃等地接回工人；同时，又动员武汉周边农村的工人结伴前来。随着雷神山医院设计变更、规模扩大，人员依然捉襟见肘。建设方中建三局再次面向整个中建集团广发"英雄帖"。一呼百应、八方来援，800 人、1000 人、2000 人、5000 人……现场人数的每一次增长，都意味着完成这个"看似不可能的任务"越来越有底气。

2020 年 1 月 27 日起，央视频 24 小时向全世界直播火神山和雷神山的建造情况，直播还不到三天时间，累计访问量就超过 2 亿人次。"两山"医院的建设，成了那段时间里中国人最牵挂的事①。截至 2020 年 2 月 4 日，仅雷神山医院建设现场，就有 1000 余名管理人员、8000 余名作业人员日夜奋战，1400 余台各类大型机械设备及运输车辆川流不息，3000 余套箱式板房、3300 套机电安装物资运抵施工。

"十天完工"的中国气魄

"十天建座医院，这怎么可能完成？"这是众多参加火神山医院设计、施工者，接到任务指令时的第一反应。铺设碎石、压实基础、开挖基槽……按正常流程，工期节点按天算。在火神山，一切节点都得以小时，甚至以分钟计算。极限的工期要求，现场设计、施工、监理人员一齐守在现场，边设计、边施工、边修改、边调整。最高峰时，工地上有 7000 多名工人，800 多台挖掘机、推土机等设备同时作业。上一个单位刚完成场地铺沙，下一个单位马上进场铺防渗膜，后面铺设活动板房基脚的单位还在催促。高密度的人群、机械，让现场施工空间极为有限。全体现场施工人员则以"白+黑""5+2"的工作模式，"两班倒"24 小时昼夜不停施工，争分夺秒抢抓工程进度；施工、监理人员一齐守在现场，许多难题都是在热火朝天讨论后现场敲定解决方案。

2020 年 1 月 25 日下午 4 点多，建设雷神山医院的消息传来，刚刚结束火神山施工任务的中建三局一公司临危受命，200 多名管理人员和 600 多名工人重整行装，连夜"急行军"，赶赴"新战场"。5 台大巴、8 台卡车在两座医

---

① 王鼎尧 栗唯 震撼世界的中国抗疫奇迹：火神山、雷神山医院建设 [EB/OL].（2021-02-01）. 凤凰卫视客户端.

院之间来回奔波，到 26 日凌晨 4 点全部完成转移，各项准备工作迅速启动。有员工感慨：我有了当兵的感觉。需要协调的人员上万人，涵盖几十道的工序，经历设计、交底、土建、设备安装、装修等阶段，多道工序必须齐头并进。

作为牵头单位，中建三局如同项目的"大管家"，统筹制定好通往胜利的"路线图"，统一策划、组织、协调，做好工序和工艺的穿插流程，为所有参建单位提供更好的服务和施工安排，保证每家单位都能最大化发挥专业优势，保持各单位的施工节奏步调一致。

2020 年 1 月 28 日下午，中建三局雷神山医院项目指挥部火速成立临时党委，并为 6 支党员突击队、7 支青年突击队授旗。仪式上，120 余名党员面对鲜红的党旗，高举右拳，字字铿锵，重温入党誓词，宣示决战决胜的坚定决心。

雷神山上，鲜红的党旗高高飘扬，在这场没有硝烟的战役中，一个个共产党员挺身而出，"我是党员我先上"的豪言壮语激荡在雷神山上，成为抗击疫情的最强音。

思考问题：
1. 我国能够快速建成两座医院的原因是什么？
2. 本案例哪些地方体现了举国同心？
3. 从此次火神山、雷神山建设的经验中，你能获得哪些启示？

案例使用说明。

1. 案例的思政价值

激发青年大学生的民族自豪感。坚持正确的中华民族历史观，具有重大现实意义和深远历史意义，为我们科学认识中华民族从哪里来、向哪里去提供了根本遵循。雷神山、火神山医院的建成效率，体现了中华民族坚韧不拔和团结协作的精神；在困难面前中华民族临危不惧、抱团取暖、共同抗击疫情的壮举，体现了中华儿女的民族自豪感和民族自信心。新时代青年学生应坚持用正确的中华民族历史观铸牢中华民族共同体意识，使各民族都为共同缔造了中国这样一个美好的家园倍感骄傲、为共同生活在中国这样一个伟大的国家倍感自豪，确保中华民族伟大复兴的巨轮行稳致远。

弘扬一方有难、八方支援的爱国情怀。情有所归，方能心有所系、身有所往。我们脚下的中国沃土孕育了 5000 多年的中华文明，见证了百年的辉煌，我们国家的山山水水蕴含着这样的精神和这样的力量。仅用十天时间建成的两大医院——雷神山医院、火神山医院，不仅仅是"中国速度"的代表，更是"中国实力"的象征。这体现了中国人民在困难面前展现出的强大勇气和精神，一方有难八方支援的爱国情怀是中国人民不惧困难、团结一心的内在精神动力，作为青年大学生也应用行动接续传承举国同心的精神谱系，用青春力量加速中华民族的伟大复兴。

2. 案例分析要点

问题 1：广发"英雄帖"，通过劳务分包公司迅速召集工人；大巴直奔恩施，沿路到宜昌、荆门、荆州、仙桃等地接回工人；同时，又动员武汉周边农村的工人结伴前来。随后，建设方中建三局再次面向整个中建集团广发"英雄帖"。一呼百应、八方来援。此外，全体现场施工人员以"白+黑""5+2"的工作模式，"两班倒"24 小时昼夜不停施工，争分夺秒抢抓工程进度；施工、监理人员一齐守在现场，在现场敲定解决方案。

问题 2：在疫情面前，各地能够相互支持，各条战线能够相互配合，各群体能够相互支持，全民团结一致。火神山、雷神山医院仅用不到十天时间奇迹般建成并开始集中收治，完成了看似不可能完成的任务；具有战地色彩的十余家方舱医院迅速开设，实现了从未有过的一种新创举。"中国速度"来自综合国力的提升和举国同心的团结。在火神山医院的建设过程中，全国各部门都动员起来，从材料到技术，从硬件到软件，真正感受到中国综合国力的增强，中华儿女举国同心、共同抗击疫情的爱国情怀。

问题 3：雷神山、火神山医院的建成效率，体现了中华民族的坚韧不拔和团结协作的精神；在困难面前，中华民族临危不惧、抱团取暖、共同抗击疫情的壮举，体现了中华儿女的民族自豪感和民族自信心。新时代青年学生应坚持用正确的中华民族历史观铸牢中华民族共同体意识，使各民族都为共同缔造了中国这样一个美好的家园倍感骄傲、为共同生活在中国这样一个伟大的国家倍感自豪，确保中华民族伟大复兴的巨轮行稳致远。

3. 教学运用

本案例建议采用嵌入式案例讲授法实施。

（1）课前准备

于上课前一周布置学生查阅相关资料，了解火神山与雷神山两所医院建设过程中的更多细节和故事，做好课堂讨论准备。

（2）课时分配（时间安排）：15分钟

嵌入式案例讲授实施路径

模块	内容	讲授	思政元素
模块一……	知识点 1	嵌入式案例引导、举例、解释……	思政元素隐性渗透
	知识点 2		
	……		

（3）讲授方式

按照课程相关知识点的需要，教师主动引入案例进行引导、举证、说明，学生可自由发言，开展碎片化、快速化互动。

（4）教学总结

①学生课前准备是否充分，对于案例讲授环节需要掌握的背景资料、核心知识、关键概念的了解情况。

②教师讲授过程是否主题明确，知识点嵌入是否合理；学生发言能否够遵守基本礼仪，语言表达是否清晰，逻辑是否合理，观点是否正确，是否具有较强的互动、共情能力。

③师生陈述的内容能否体现案例反映的现象与本质，对案例体现的价值内涵解读是否全面。

④案例讲授中，是否遵循案例教学的过程开放，鼓励学生发言，培养学生独立思考的能力；思政元素植入是否自然，以及在价值引导上效果如何。

案例6 数字背后的伟大战士①

摘 要：案例从14亿中国人民面对新冠疫情时的行动，引出在抗疫过程中，我国举国同心、坚韧团结、和衷共济。以我国抗击新冠疫情为背景，通过引用新闻媒体数据与评价，感受我国举国同心的抗疫精神。

① 国务院新闻办公室. 抗击新冠肺炎疫情的中国行动［M］. 北京：人民出版社，2020：71-74

关键词：抗疫成就；疫情防控；新冠疫情

新冠疫情暴发后，经过艰苦卓绝的努力，中国用 1 个多月的时间，初步遏制了疫情蔓延的势头，用 2 个月左右的时间将本土每日新增病例控制在个位数，用 3 个月左右的时间取得了武汉保卫战、湖北保卫战的决定性成果。中国抗击疫情的艰辛历程向全世界传递了战胜疫情的信心和力量。中国为抗击疫情到底付出了多少，下面这组数字就是我们的战"疫"答卷。

国家兴亡，匹夫有责。14 亿中国人民自觉投入抗击疫情的人民战争，坚韧团结、和衷共济。14 亿中国人民都是抗击疫情的伟大战士。

4 万多名"白衣天使"从全国各地驰援荆楚，与死神竞速；与此同时，4 万多名建设工人赶赴湖北，火神山、雷神山传染病专科医院在 10 余天时间内竣工交付使用，创造令人惊叹的"中国速度"①。

2020 年 1 月 24 日至 3 月 8 日，全国共调集 346 支国家医疗队 4.26 万名医务人员、900 多名公共卫生人员驰援湖北。19 个省份以对口支援、以省包市的方式支援湖北省除武汉市以外 16 个地市。

在疫情危及人民生命安全的危难关头，全国 3900 多万名党员、干部战斗在抗疫一线。

400 万名社区工作者奋战在全国 65 万个城乡社区，监测疫情、测量体温、排查人员、站岗值守、宣传政策、防疫消杀，守好疫情防控"第一关口"。

《抗击新冠肺炎疫情的中国行动》白皮书显示：截至 2020 年 5 月 31 日，全国参与疫情防控的注册志愿者达到 881 万人，志愿服务项目超过 46 万个，记录志愿服务时间超过 2.9 亿小时。

截至 2020 年 8 月 7 日 24 时，31 个省（自治区、直辖市）和新疆生产建设兵团新冠肺炎总体治愈率达 93.5%。其中，在武汉，一共有 2500 多位 80 岁以上的老人，救治成功率接近 70%，有 7 位百岁以上的老人成功治愈出院，年龄最大的是 108 岁。

全国新冠肺炎重症患者人均治疗费用超过 15 万元，少数危重症患者治疗费用甚至过百万元，全部由国家负担。截至 2020 年 7 月 19 日，全国新冠肺炎确诊和疑似患者涉及医疗费用 18.47 亿元，医保支付 12.32 亿元，支付比例达到 67%。个人负担部分全部由财政予以支付。

---

① 侯文坤. 生命至上 举国同心——抗疫精神述评［EB/OL］.（2020-10-11）. 新华网.

2020 年 1 月 27 日到 7 月 30 日，全国通过铁路、公路、水运、民航、邮政快递等运输方式向湖北地区运送防疫物资和生活物资 141.98 万吨，运送电煤、燃油等生产物资 566.35 万吨，煤、电、油、气、热等能源供应充足，保障了湖北省、武汉市社会正常运转和隔离措施顺利实施。

思考问题：

1. 我国人民的抗疫事迹体现了怎样的民族精神？

2. 我国抗疫交出了一份怎样的答卷？

3. 从此次抗击新冠疫情的经验中，作为青年，我们能够获得什么启示？

案例使用说明。

1. 案例的思政价值

体会疫情防控阻击战的来之不易，培养青年大学生自强不息的精神。用习近平新时代中国特色社会主义思想来武装大学生的头脑，是新时代思想教育的核心内容，抗疫精神能使青年学生在理解的基础上更加具体化、现实化。自强不息是一种精神，是一种美好的品德，是一个人活得有尊严、有价值的必要品质；是一个人健康成长、努力学习、拥有事业的强大动力；是中国人几千年来形成的一种民族精神。正是这种精神使中华民族历经沧桑而不衰，使中华民族历经磨难而不衰，傲立于世界之林。战"疫"成就背后的震撼数字展现出抗疫的阶段性胜利来之不易，未来的挑战还需自强不息的新时代大学生接续奋斗、攻坚克难。

做新时代的爱国者，弘扬抗疫成就背后和衷共济的伟大精神。在举国上下万众一心、众志成城做好新冠疫情防控工作的特殊时刻，无数中国人的坚持、坚守和坚定，促成了疫情防控阻击战的胜利，背后蕴藏的坚韧团结、和衷共济伟大精神足以让每个中国人倍感自豪和骄傲。磨难压不垮、奋起正当时，作为新一代的年轻人，要做到胸有大志、心有大我、肩有大任、行有大德，切实肩负起民族复兴的伟大责任，自觉培养强烈的国家意识和民族意识，将强烈的责任感和使命感融入日常学习和生活之中，不断提升自我，为报效祖国、服务社会奠定坚实的基础。

2. 案例分析要点

问题 1：伟大民族精神是中华民族宝贵的精神财富，是中华民族生生不息、发展壮大的重要基因。2020 年 1 月，全国各地相继发生了新冠疫情，在这场战"疫"中，全国人民在以习近平同志为核心的党中央领导下，继承和弘扬中华民族"艰难困苦，玉汝于成"的伟大民族精神，团结一心、同舟共济，演绎了一曲可歌可泣的民族战歌，用自己的实际行动向世界展现了中国力量。

问题2：中国艰苦卓绝的抗击疫情，向世界传递了中国战胜疫情的信心和力量。中国花了1个多月的时间初步控制了疫情，大约2个月的时间将大陆每天的新病例数量控制在个位数，大约3个月的时间在武汉和湖北取得了决定性的成果。一个个令人震撼的数字，记录下战疫英雄在各自岗位的勇敢与奉献，也是我们"疫情"答卷的最好证明。

问题3：作为青年大学生，要培养自强不息的精神。用习近平新时代中国特色社会主义思想来武装头脑。自强不息是一种精神，是一种美好的品德，是一个人活得有尊严、有价值的必要品质；是一个人健康成长、努力学习、拥有事业的强大动力。作为新一代的年轻人，要做到胸有大志、心有大我、肩有大任、行有大德，切实肩负起民族复兴的伟大责任，自觉培养强烈的国家意识和民族意识，将强烈的责任感和使命感融入日常学习和生活，不断提升自我，为报效祖国、服务社会奠定坚实的基础。

3. 教学运用

本案例建议采用课后自学案例法实施。

（1）课后布置

课后要求学生阅读案例，并自行查阅更多的相关数据，了解更多14亿中国人民在抗疫过程中做出的贡献，做好课堂提问准备。

（2）课时分配（时间安排）：不限

课后自学案例实施路径

教学环节	教学内容	教学形式	思政元素
自学前	已学知识的复习，案例资料的获取，明确问题	教师指导，资料提供	加强学生自主学习意识和习惯，培养团队协作精神与沟通能力，开发思政自我教育意识和能力
自学中	案例学习，讨论交流	小组讨论、提炼发言纲要	
自学后	总结与反思	教师随堂提问、抽查、小结	

（3）自学方式

共同学习交流，案例资料分析，分组讨论问题，提炼总结与反思。

（4）教学总结

①任务是否明确，学生课后是否真实开展相关活动。

②学习过程态度是否认真、参与度如何，讨论交流是否充分合理，是否体现较强的沟通与团队协作能力。

③小结或回答提问能否体现案例所反映的本质，对案例体现的价值内涵解读是否全面、深刻。

④自主学习中，是否遵循案例教学的过程开放原则，学生是否充分表达意见，小组能否达成共识，思路是否清晰。

模块三　舍生忘死

案例7　600封抗疫请战书背后的故事①

摘　要：案例从江西中医药大学附属医院600封抗疫请战书背后的故事，引出我国医护人员在疫情之下，舍生忘死，坚定向前的精神，弘扬医护人员在抗疫中一往无前的英雄气概和无畏精神。

关键词：医护人员；抗击疫情；新冠疫情

新冠疫情暴发之后，江西中医药大学附属医院的600封热血抗疫请战书堆成了小山。

"我个人尚未婚，无子女，无家庭负担，比起其他同事更适合加入这场战斗。力虽小，愿尽绵薄。"

"目前形势严峻，作为一位有27年工龄的护理人员，我责无旁贷，义无反顾，随时听调令，奔赴一线贡献自己的力量。"

"如果我不幸，请告诉我儿子，他爸爸是好样的，长大后要成为一名为社会做贡献，为百姓谋福利的有用之人。"

…………

2020年1月27日，在江西中医药大学附属医院，一封封请战书，不断从各个科室递送到医院领导办公室。这些请战书，有的是略带潦草的手写体；有的是打印好的，排版工工整整，语言真挚恳切。

---

① 王昊阳，甘甜．江西中医药大学附属医院：600封抗疫请战书背后的故事［EB/OL］．（2020-01-30）中国教育新闻网．

当日上午，江西省第一批援助武汉的医疗队从南昌出发奔赴武汉。首批出征队员中的刘涛、徐超、余知依、周世妹，是江西中医药大学附属医院医护人员。

徐超是该院呼吸内科主治中医师，也是第一个递交请战书的人。

"面对武汉的重大疫情，我作为医务工作者，有义务站在抗击疫情的最前线，我愿意随时奔赴人民需要的地方，随时听从组织安排，履行一名医务工作者的神圣使命！"

农历新年初一，徐超递交请战书。听说徐超递交了请战书后，呼吸内科所有在岗工作的医护人员纷纷递交请战书，在外休假的医护人员闻讯也在家中写好请战书，拍照发送到微信工作群里。

呼吸内科共有三人入选援助武汉医疗队，除了主治中医师徐超之外，护士长柯颖和护士周世妹也入选。柯颖表示，"我已经做好了所有准备，随时可以出发"。

在医院一楼急诊科，护士戴璐璐正在收集科室同事们的请战书。"因为时间比较紧急，大家有的临时在家里手写得比较潦草，今天才递交过来；有的同事家里没有印泥，就用口红代替印泥，涂在食指上，按上红手印。"据悉，发热门诊是江西中医药大学附属医院当前压力最大的科室，近期接诊量明显增多，工作量较大。

"前两天当班时我就写好了，正要给你。"章程说着，把请战书递给戴璐璐。

急诊科收到的第一份请战书是护士刘筱珺递交的。戴璐璐说，因为武汉目前最紧缺的是重症、急诊呼吸类医护人员，刘筱珺作为一位有经验的急诊科护理人员，第一个主动提出要去。

这份同样写于大年初一的请战书上，刘筱珺写道："作为一名工作了二十多年的临床护士，我要尽到一个医务工作者的职责。"刘筱珺也入选了援助武汉医疗队。

"我把行李都准备好了，经常把电话握在手里，只要接到电话就随时出发。"

"目前全院有600余人递交了请战书，其中呼吸科全体医护人员都递交了，"江西中医药大学附属医院副院长刘良徛告诉记者，"国家有难，匹夫有责，只要国家和人民需要，我们将随时前往一线，若有战，召即来，战必胜，这是我们的使命，也是我们的光荣。"

"在病毒肆虐、疫情严重的关键时刻，你们主动站了出来，冲到了疫情防控的最前线。"2020 年 1 月 27 日，在江西省第一批援助武汉医疗队出征仪式现场，时任江西中医药大学校长左铮云对出征的江西中医药大学附属医院医护人员说，"对你们在危急关头主动请缨、勇敢参战的英雄气概和无畏精神表示崇高敬意，期盼你们早日胜利归来"。

思考问题：
1. 600 封抗疫请战书体现了医务工作者怎样的精神？
2. 从本案例中的医务工作者身上，你能够学习到什么？
3. 从本案例中，你能够得到哪些启示？

案例使用说明。
1. 案例的思政价值
学习一线医务工作者的崇高精神。疫情无情人有情，人间最美是精神。新冠疫情发生以来，数万名医务工作者驰援湖北，白衣执甲、逆行出征，挺立在疫情的"风暴眼"，铆在疫情防控斗争最前沿，被称为"最美逆行者"。"沧海横流，方显英雄本色。"党中央一声号召，全国广大医务工作者勇当先锋，敢打头阵，坚决当好疫情防控的先锋队、突击队，努力践行为人民服务的使命，争做人民群众生命安全和身体健康的捍卫者的壮举令人动容。600 封抗议请战书的背后也凝聚着无数个小家，家是最小国，国是千万家，新时代青年大学生要认真学习"最美逆行者"的崇高精神，昂扬起中国人民和中华民族最深沉的精神追求。

增强大学生主动担当的意识。"知者行之始，行者知之成。"在知行合一中主动担当作为，就要敢于负责、勇于担当。600 封抗疫请战书的背后是数不尽的自觉担当，从自身做起，引导大学生看淡个人得失，抛开功利之心，以"功成不必在我的精神境界、功成必定有我的历史担当"脚踏实地干事创业，不断提升人生格局，做攻坚克难、敢于胜利的奋斗者，做淡泊名利、宠辱不惊的担当者。

2. 案例分析要点
问题 1：600 封抗疫请战书体现了医务工作者舍生忘死，无私奉献的精神。600 封抗疫请战书展现出了江西医务工作者的英雄气概和无畏精神，他们时刻准备着，听令而行，坚守岗位，奋战疫情，用自己的身躯为人民群众架起了一道坚不可摧的防疫屏障。

问题2：全国广大医务工作者不忘初心、牢记使命，响应党的号召，义无反顾冲上疫情防控第一线，展现了对党、对人民高度负责的精神面貌。我们要认真学习"最美逆行者"的崇高精神，要敢于负责、勇于担当，昂扬起中国人民和中华民族最深沉的精神追求。

问题3：我国能在短时间内遏制新冠疫情的散播，离不开广大医务工作者义无反顾的"逆行"。作为青年，我们应该勇于担当，看淡个人得失，抛开功利之心，以"功成不必在我的精神境界、功成必定有我的历史担当"脚踏实地干事创业，不断提高人生格局，做攻坚克难、敢于胜利的奋斗者，做淡泊名利、宠辱不惊的担当者。

3. 教学运用

本案例建议采用体验式案例法实施。

（1）课前准备

课前与案例主体医院联系，安排案例中的主人公来学校与学生见面、座谈，讲述他们的抗疫故事。

（2）课时分配（时间安排）：60分钟

体验式案例教学实施路径

教学环节	教学内容	教学形式	思政元素
课前	已学知识的复习，熟悉组织信息、礼仪、心理准备	学生自学，教师培训	激发学生学习兴趣与主动性，提升公众意识，增强礼仪素养，引导学生总结、提炼体验收获和教育意义
课中	现场体验、现场交流	观察、倾听、交流	
课后	总结与反思	心得体会	

（3）体验方式

邀请案例中的主人公进入教学现场，讲述先进事迹，与学生面对面交流，情境互动，产生共情。

（4）教学总结

①学生课前准备是否充分，对于案例体验环节需要掌握的背景资料、核心知识、关键概念的了解情况。

②案例体验主题是否明确，学生是否积极参与，发言能否遵守基本礼仪，

语言表达是否清晰，逻辑是否合理，观点是否正确，是否具有较强的互动共情能力。

③现场气氛能否体现案例需要表达的目的，对案例所体现的价值内涵解读是否全面。

④教学实施中，是否遵循案例教学的过程开放，鼓励学生发言，培养学生独立思考的能力；思政元素植入是否自然，以及在价值引导上效果如何。

案例8 用生命守护生命①

摘　要：案例以一位医院院长，因抗疫牺牲的事迹，引出我国在抗疫过程中，医务工作者舍生忘死，以生命守护生命的崇高精神。院长的事迹作为疫情中广大医护工作者的一个缩影，使我们从中感悟舍生忘死的抗疫精神和社会主义先进文化。

关键词：舍生忘死；抗击疫情；新冠疫情

刘智明，湖北十堰人，1969 年生，1991 年毕业于武汉大学医学院，去世前为武汉市武昌医院院长。北京协和医院援鄂抗疫国家医疗队队长、感染内科主任李太生在接受媒体采访时透露，刘智明因有心脏病基础，后因肺炎引起并发症而去世②。

用生命守护生命

2020 年 2 月 18 日，武汉阳光和煦，微风中有了一丝春天的气息。这本是武汉市武昌医院院长刘智明最喜欢的天气，可他再也感受不到了。

2020 年 2 月 18 日 10 时 54 分，51 岁的刘智明因感染新冠肺炎在武汉同济医院中法新城院区去世。一周前，他刚刚过完 51 岁的生日。这是疫情发生后，第一位因新冠肺炎去世的医院院长。

---

① 余瑾毅. 武昌医院院长刘智明：用生命守护生命［N］. 湖北日报，2020-02-19.
② 韩基琛，欧阳易佳. 武昌医院院长刘智明殉职　牺牲前最怕传染别人［EB/OL］.（2020-02-19）. 人民网.

三天三夜几乎未休

2020年1月21日，武昌医院被征用为新冠肺炎首批定点医院之一，要在两天内完成院区改造，转出499名病人，接收发热患者。

时间紧、任务重，疫情严峻，刘智明几乎三天三夜没有合眼，带领职工改造病区、腾挪病房。最终按时将东、西两个院区按照要求分区，并迅速成立医院医疗救治指挥部和十个工作组。1月23日，武昌医院如期收治发热患者。鲜有人知道，刘智明已带病上岗多日。他的妻子蔡利萍回忆，1月22日凌晨4点，她接到丈夫电话，请她收拾一点换洗衣物送去。因为成为定点医院后他就不能回家了。她有些担心，因为此前丈夫有些"感冒"，持续低烧了一周，她还听出丈夫有点喘。蔡利萍当时特别着急，问刘智明都那个点了怎么不去休息下。第二天下午，刘智明因为新冠肺炎进了重症病区。

1月28日，刘智明核糖核酸检测呈阳性。住院期间，他接到妹妹电话时，还说"医院还有很多事情没做"。

2月14日，刘智明因病情加重转至同济医院中法新城院区。他的妹夫说，刘智明的身体一向不错，家人在病房外守候了两天，期待奇迹。然而，奇迹还是没能出现。

病中拒绝妻子陪护

2020年2月18日，蔡利萍守候在同济医院中法新城院区ICU楼下，流着泪一遍遍翻看刘智明发来的信息，说："我再也见不到他了。"

蔡利萍是武汉市第三医院光谷院区ICU护士长，她所在的院区成为武汉市第二批发热定点医院。此前，两人分别在各自岗位上抗击疫情。2月3日，刘智明因为病情危重用上了呼吸机，蔡利萍在微信视频时，哭着对丈夫说："我来陪你吧！"屏幕那头，已不能说话的刘智明艰难而坚定地摇了一下头。

刘智明的妹妹后悔没能多接送哥哥两趟。年前，她见了哥哥最后一面，此后刘智明一直很忙。一次深夜，她经过武昌医院给刘智明打电话，说等他下班送他回家。但刘智明说，别等了，我事情太多，还是自己搭地铁回家。

"他把家人照顾得很好，我们全家没有一个人感染。"刘智明的妹夫说。刘智明病后，经常打电话督促家人注意防护，"前段时间各项指标都正常了，我们都以为他能挺过这一关"。

"博士院长"爱养花

2020年2月18日，10多名武汉市三医院、武昌医院的医护人员自发来到同济医院中法新城院区送别刘智明。

"如果不是坚守一线，来的人会更多。他是博士院长，天妒英才啊！"刘智明的大学同学、武汉市三医院消化科一名医生说。

武昌医院介绍，刘智明是神经外科学科带头人，2013年被武昌区政府授予"武昌英才"、2014年获评"武汉市人民政府博士资助"人选、2015年获评武汉市"十百千人才工程"人选，曾赴美国参加医院管理培训、清华大学公共管理高级研修班和浙江大学高级专家创新能力研修班学习。

"他做医生，刀开得好；做医务处领导时，沟通能力好；做同事，为人正直、忠厚。"一位和刘智明共事20多年的神经外科护士说。

据了解，刘智明得知自己确诊后，挨个打电话给每一个和他接触过的同事，逐一询问大家是否健康。

当刘智明的灵车远去，一位武昌医院的工作人员久久不愿离去，她红着眼睛说："他热爱生活，爱钻研建筑，爱养花，爱踏青。这样的天气，是他最喜欢的。"

思考问题：

1. 刘智明院长的事迹体现了怎样的精神？

2. 从刘智明院长身上，你能够学习到什么？

3. 通过本案例，你对舍生取义有什么新的看法？

案例使用说明。

1. 案例的思政价值

鼓励青年大学生尽己所能充分发挥个人价值。"万物得其本者生，百事得其道者成"，"舍生"是精神外化行为，"取义"和"求法"是精神内在本质。舍生取义和舍身求法，是舍生忘死的信念基础及价值魂魄。青年兴则国家兴，青年强则国家强。对这一代青年而言，历史的接力棒已传到他们手中，唯有把握时代脉搏、树立全球视野，将小我融入国家、民族和全人类的大我之中，才能充分发挥个人价值，为民族复兴贡献青春力量。

增强大学生的文化自信。舍生忘死的抗疫精神，彰显了社会主义先进文化。大庆精神、雷锋精神、抗洪精神、北大荒精神、抗美援朝精神、"两弹一星"精神等，都蕴含舍生忘死的傲骨与血性。刘智明院长用生命守护生命，体现了面对疫情大考依旧迎难而上、冲锋在前的无畏与勇敢。舍生忘死体现生死观和义利观，是中国创造抗疫奇迹的精神支撑。精神是民族之魂，是心之定所和行之依归。挖掘和揭示舍生忘死的文化意蕴与本质内涵，有助于增强大学生文化自信。

2. 案例分析要点：

问题1：面对突如其来的汹涌疫情，刘智明院长一如既往地以身作则，投身战斗，冲锋在前，舍生忘死，成为这次抗疫战斗中牺牲的第一个医院院长。刘智明院长用生命守护生命，体现了面对疫情大考依旧迎难而上、冲锋在前的无畏与勇敢。彰显了舍生忘死的精神，是中国创造抗疫奇迹的精神支撑。

问题2：疫情发生以来，刘智明院长不顾个人安危，带领武昌医院全体医务人员奋战在抗疫一线，刘智明作为院长，白天上班，晚上依旧继续值班，他为武汉市新型冠状病毒肺炎防控工作做出了重要贡献。我们要学习刘智明院长舍生忘死的抗疫精神，尽己所能充分发挥个人价值，为社会做出贡献。

问题3：万物得其本者生，百事得其道者成。"舍生"是精神外化行为，"取义"和"求法"是精神内在本质。舍生取义和舍身求法，是舍生忘死的信念基础及价值魂魄。舍生忘死体现生死观和义利观，是中国创造抗疫奇迹的精神支撑。

3. 教学运用

本案例建议采用课后自学案例法实施。

（1）课后布置

课后要求学生阅读案例，并自行查阅更多相关资料，了解我国在抗疫过程中更多舍生忘死的英雄事迹，做好课堂提问准备。

（2）课时分配（时间安排）：不限

课后自学案例实施路径

教学环节	教学内容	教学形式	思政元素
自学前	已学知识的复习，案例资料的获取，明确问题	教师指导，资料提供	加强学生自主学习意识和习惯，培养团队协作精神与沟通能力，开发思政自我教育意识和能力
自学中	案例学习，讨论交流	小组讨论、提炼发言纲要	
自学后	总结与反思	教师随堂提问、抽查、小结	

（3）自学方式

共同学习交流，案例资料分析，分组讨论问题，提炼总结与反思。

（4）教学总结

①任务是否明确，学生课后是否真实开展相关活动。

②学习过程中，态度是否认真、参与度如何，讨论交流是否充分合理，是否体现较强的沟通与团队协作的能力。

③小结或回答提问能否体现案例反映的本质，对案例所体现的价值内涵解读是否全面、深刻。

④自主学习中，是否遵循案例教学的过程开放原则，学生是否充分表达意见，小组能否达成共识，思路是否清晰。

案例 9 "90 后"青年勇敢"逆行"①

摘　要：案例从一支医疗队的青年在抗击新冠疫情中的勇敢事迹，引出我国青年在面对来势汹汹的新冠疫情时，无私奉献，敢于担当，以青春力量对抗病魔。感受青年一代在抗疫中表现出的勇敢无畏，舍生忘死的精神。

关键词：青年；抗击疫情；新冠疫情

2020 年 2 月 9 日 15 时，经过两轮感控培训并通过考核后，第三批国家援鄂抗疫医疗队队员、北京大学第三医院心内科住院医师杨林承穿好防护服第一次进入病房污染区。工作前，主班老师告诉他，已经有大量患者及家属在病房门口等候。病房门一推开，原本嘈杂的等待区瞬间安静，无数焦急等待的目光投向他们，紧接着便是黑压压的人群涌来。

近一年内，先后在 CCU、RICU 和急诊几个岗位流水轮转的工作经验在时刻提醒他：此时，一丝一毫的混乱都会使工作效率低下、患者焦虑加倍，稳住！必须稳住！杨林承和其他医护人员一起安抚患者情绪，并清晰解释接收患者顺序的原则，等待区的秩序很快恢复。此后 6 小时内，6 名重型及 2 名危

---

① 柴葳.北京大学援鄂医疗队"90 后"青年："那一刻，更理解了身上的责任和使命"[N].中国教育报，2020-05-04.

重型新冠肺炎患者的收治工作顺利完成。

4.2万名驰援湖北的医护人员中，跃动着蓬勃的青春力量。北京大学第三医院援鄂医疗队就是一支年轻的队伍，全队137名成员中有60名共产党员，其中1/3是"90后"党员。

1993年出生的王奔是这支医疗队中年龄最小的医生，也是抗疫一线的临时党支部书记，2019年刚从北京大学博士毕业。2020年2月6日，刚刚结束两台急诊手术的王奔接到了医疗队的集结电话，开启了穿着防护服在重症病房查房、与50名患者——问诊交流的武汉日常。

2月14日凌晨五六点钟的抢救，让他永生难忘。那天，武汉突然刮起大风，风夹着雨打在玻璃上，病房里一位50多岁的肾移植后患者突发病症，王奔与共同当班的赵志伶等医护人员冲到患者身边抢救，伴随着阵阵雷声为患者一下下做着心外按压……

"由于病情过重，很遗憾我们最终没能留住他。那一刻作为医者，内心的无力和悲痛难以言喻。当时，更理解了身上的责任和使命。"在隔离服的密闭空间里，王奔每查5个病人就得休息10分钟。有一位患者看到了，对他竖起大拇指说"小伙子年轻人，有担当"，患者的鼓励让他内心充满力量。

作为收治危重症新冠肺炎患者的专属医院，同济医院中法新城院区聚集着来自全国各地的18支国家和省市医疗队，北京大学人民医院援鄂医疗队的134名队员整建制承担了一个病区50张床的救治任务。在他们当中，34名"'90后'逆行者"勇担责任、挺身而出，在祖国最需要的时候用实际行动支援武汉，展现出一往无前的青春力量。

"'90后'是一群孩子，更像是一群超级战士。"朋友圈的一段文字深深触动了25岁的北京大学人民医院泌尿外科护师权怡的心。作为医疗队里最年轻的党员，权怡至今对一位病人"念念不忘"。

82岁的段爷爷，患有眼疾，临出院前，却伏案良久，自己一笔一画地给医疗队所有队员写了一封感谢信："为了谁，拿起笔，含着泪，感谢北京医疗队，不远千里来到武汉，夜以继日不知劳累，让我创造奇迹走回家门，千言万语我不能表达，愿你们身体健康，一切安好！"

"一代青年有一代青年的历史际遇，参与这场抗疫斗争，无疑是一次弥足珍贵的人生经历。"北京大学第三医院神经外科医生吴超深有感触，"抗击疫情的经历是给我最好的成长礼。"

孩子刚出生两个月，北京大学第一医院心内科医生金汉就赶到了武汉。

"听到武汉急缺医护人员的消息，如果不来的话，一定会后悔一辈子。"金汉对家人很愧疚，但他相信以后孩子知道他父亲作为一名医生，曾经支援过这样一次战"疫"，一定会很骄傲。

一次夜班抢救一名危重患者时，患者突然摘下无创呼吸机面罩剧烈咳嗽，飞沫沾在面罩上、散落在空气里，患者氧饱和度也一直往下掉。没有时间考虑太多，队员们立刻采取措施救治。"也许以前我们还会当自己是个孩子，但是经过这次的疫情，'90后'已经成为能够主动承担责任的人。"金汉说。

驰援武汉期间，北京大学人民医院创伤救治中心医生刘中砥度过了30岁生日，他笑称自己是最老的"90后"。他在重症患者救治中忠实扮演好执行者的角色，在自己的专业领域主动请缨，为团队分担工作。在这段难忘的经历中，他印象最深刻的场景是在患者顺利出院时，回忆起他们从入院初期的焦虑，到经过治疗慢慢康复，再到最后展露笑容的过程。

日子一天天过去，越来越多的病人呼吸畅快了，咳嗽消失了，神情也越发轻松，有时还能开个小玩笑。刘中砥医生说，即便隔着防护镜和一层厚厚的雾气，也能看到，他们的眼睛里，有了光。

2020年3月15日，习近平总书记给北京大学援鄂医疗队全体"90后"党员回信，希望他们继续在救死扶伤的岗位上拼搏奋战，带动广大青年不惧风雨、勇挑重担，让青春在党和人民最需要的地方绽放绚丽之花①。

北京大学援鄂医疗队的事迹也激励了北京大学医学部很多的"90后"和"00后"医学生。"师兄师姐们奔赴抗疫一线的经历给了我很大的启示。"北京大学公共卫生学院流行病与卫生统计学专业博士生曹梦奇说，"我要将公共卫生服务作为毕生的事业。""这些就在我们身边的英雄，让我由衷敬佩。作为新时代的北大医学生，我也要努力做守护人民健康的青年。"北京大学护理学院2018级本科生侯天姣说。"我们要牢记总书记的嘱托，在临床实践中增长本领，在艰苦奋斗中锤炼意志品质，努力担当更大责任、做出更大贡献!"吴超说。

思考问题：

1. 案例中医疗队的青年展现出了怎样的风貌？

---

① 赵婀娜. 北京大学援鄂医疗队：让青春之花在工作一线绽放 ［N］. 人民日报，2021-05-01.

2. 从抗疫医疗队的青年身上，你能够学到什么？

3. 从本案例中，你能够获得什么启示？

案例使用说明。

1. 案例的思政价值

引导大学生积极在国家有需要的地方躬身实践，自觉担当。在这场惊心动魄的抗疫大战、艰苦卓绝的历史大考中，青年学生经受住了考验，彰显了青春的蓬勃力量，交出了合格答卷。对广大青年来说，与时代同步伐、与人民共命运，才能更好地实现人生价值、升华人生境界。"不积跬步无以至千里，不积小流无以成江河"，新时代青年大学生要潜心投入知识学习和科研攻关，打牢知识基础，提升综合素质，敢于挺身担当，始终保持"越战越勇"的干事创业精气神，主动在急难险重任务中磨炼意志、增强本领、建功立业。

倡导不怕吃苦、越战越勇的优良精神。疫情防控中，不少青年学生同在一线英勇奋战的广大疫情防控人员一道，不畏艰险、冲锋在前、舍生忘死。他们有的在医疗救治第一线奉献付出，有的在社区、校园参与志愿服务，有的发挥专业所长普及科学理念，有的积极奔走募捐物资……在祖国和人民需要的地方，年轻的身影一直在行动。"纸上得来终觉浅，绝知此事要躬行"，以"90后"为代表，像北京大学第三医院援鄂医疗队一样奋战在抗疫一线的广大青年，有的刚从学校毕业工作不久，可以说社会阅历尚浅、实践经历较少，但面对新冠疫情，他们敢于挺身而出、担当奉献，朝气蓬勃、越战越勇，在抗疫一线成长成才。

2. 案例分析要点

问题1：北京大学第三医院援鄂医疗队作为一支年轻的队伍，在祖国最需要的时候用实际行动支援武汉，展现出一往无前的青春力量。在疫情防控斗争中，北京大学第三医院援鄂医疗队在为人民服务中茁壮成长、在艰苦奋斗中砥砺意志品质、在实践中增强工作本领，不惧风雨、勇挑重担。

问题2：作为青年一代，尽管社会阅历尚浅、实践经历较少，但面对新冠疫情，要敢于挺身而出、担当奉献，朝气蓬勃、越战越勇，在抗疫过程中成长成才。学生可以在医疗救治第一线奉献付出，也可以在社区、校园参与志愿服务，还可以发挥专业所长普及科学理念，在祖国需要的地方，我们应该挥洒青春激情，为社会做出贡献。

问题3：青年一代要与时代同步伐、与人民共命运，才能更好实现人生价值、升华人生境界。作为新时代青年大学生，我们要潜心投入知识学习和科研攻关，打牢知识基础，提升综合素质，敢于挺身担当，始终保持"越战越勇"的干事创业精气神，主动在急难险重任务中磨炼意志、增强本领、建功立业。

3. 教学运用

本案例建议采用典型案例分析法实施。

（1）课前准备

案例于上课前一周发给学生，学生课前应阅读案例，并自行查阅更多相关资料，了解我国青年在抗疫过程中做出的更多贡献，做好课堂讨论准备。

（2）课时分配（时间安排）：30 分钟

典型案例分析实施路径

教学环节	预计时间（分钟）	教学形式
课前预习	—	学生查找案例背景资料，预习知识点
案例呈现	10	教师讲解或学生讲解
分析问题	10	教师引导学生发言
提问解惑	5	学生提出疑惑问题，师生回答
教师总结点评	5	教师总结，注重案例思政意义的植入
合计	30	

（3）分析方式

教师与学生共同参与讲解，教师引导学生发言，答疑解惑，总结升华。

（4）教学总结

①学生课前准备是否充分，对于案例分析需要掌握的背景资料、核心知识、关键概念的了解情况。

②案例分析过程中，学生的态度，情感反馈，发言、提问环节能否遵守基本礼仪，语言表达是否清晰，逻辑是否合理，观点是否正确，是否具有较强的分析、判断、总结能力。

③学生陈述内容是否基本能够体现案例反映的现象与本质。比较分析中辩证思维的体现，对案例所体现的价值内涵的解读。

④案例教学中，课堂是否遵循案例教学的过程开放，鼓励学生发表不同意见、分析问题和困境，通过思辨、批判以及推理等环节训练学生独立思考的能力；提高思政"结果"的清晰度，加强价值引导效果。

模块四　尊重科学

案例 10　贯彻预防为主方针，开展"爱国卫生运动"①

摘　要：有效抗击新冠疫情，离不开科学方法的指导。本案例从习近平总书记多次强调开展"爱国卫生运动"，引出我国在新冠疫情的防控工作中，秉持科学的态度，立足当前、着眼长远，加强战略谋划和前瞻布局，坚持平战结合，完善重大疫情防控体制机制，健全公共卫生应急管理体系。通过学习习近平总书记的多次重要讲话，贯彻我国疫情防控的科学性。

关键词：公共卫生；科学防疫；爱国卫生运动

"爱国卫生运动"是我们党把群众路线运用于卫生防病工作的成功实践，是贯彻预防为主方针的伟大创举。党的十八大以来，"爱国卫生运动"进一步强化党和政府领导，组织发动群众开展了一系列活动，有效改善了城乡环境卫生状况，群众健康素养显著提升，疾病防控取得显著成效。

2020 年 6 月 2 日下午，习近平总书记在主持召开专家学者座谈会时指出，"爱国卫生运动"是我们党把群众路线运用于卫生防病工作的成功实践。新冠疫情发生以来，习近平总书记在多次重要讲话中强调，要大力开展"爱国卫生运动"。

要坚持预防为主的卫生与健康工作方针，加强公共卫生队伍建设和基层

---

① 许华卿，王寅. 抗击新冠肺炎疫情，习近平总书记这样谈"爱国卫生运动"［EB/OL］.（2020-06-06）光明网

防控能力建设，推动医防结合，真正把问题解决在萌芽之时、成灾之前①。

坚持开展"爱国卫生运动"。这不是简单的清扫卫生，更多应该从人居环境改善、饮食习惯、社会心理健康、公共卫生设施等多个方面开展工作，特别是要坚决杜绝食用野生动物的陋习，提倡文明健康、绿色环保的生活方式。②

要立足当前、着眼长远，加强战略谋划和前瞻布局，坚持平战结合，完善重大疫情防控体制机制，健全公共卫生应急管理体系，推动工作力量向一线下沉。要深入开展"爱国卫生运动"，推进城乡环境整治，完善公共卫生设施，提倡文明健康、绿色环保的生活方式③。

这次应对新冠疫情，暴露出我国在重大疫情防控体制机制、公共卫生体系等方面存在的一些短板，要改革完善疾病预防控制体系，建设平战结合的重大疫情防控救治体系，健全应急物资保障体系，加快构建关键核心技术攻关新型举国体制，深入开展"爱国卫生运动"，不断完善我国公共卫生体系，切实提高应对突发重大公共卫生事件的能力和水平④。

要加强社区建设和管理，加强社区环境整治，开展乡村精神文明建设和"爱国卫生运动"，确保群众既能住上新居所，又能过上新生活⑤。

要抓紧完善重大疫情防控救治体系和公共卫生体系，加强城乡社区等基层防控能力建设，广泛开展"爱国卫生运动"，更好保障人民生命安全和身体健康⑥。

防范化解重大疫情和突发公共卫生风险，事关国家安全和发展，事关社会政治大局稳定。要坚持整体谋划、系统重塑、全面提升，改革疾病预防控制体系，提升疫情监测预警和应急响应能力，健全重大疫情救治体系，完善公共卫生应急法律法规，深入开展"爱国卫生运动"，着力从体制机制层面理

① 习近平．在统筹推进新冠肺炎疫情防控和经济社会发展工作部署会议上的讲话［J］．社会主义论坛，2020（03）：4-9.
② 习近平．为打赢疫情防控阻击战提供强大科技支撑［J］．求是，2020（06）：4-8.
③ 新华社．习近平在浙江考察时强调：统筹推进疫情防控和经济社会发展工作　奋力实现今年经济社会发展目标任务［EB/OL］．（2020-04-01）．中国政府网．
④ 新华社．中共中央召开党外人士座谈会 习近平主持并发表重要讲话［EB/OL］．（2020-05-08）．中国政府网．
⑤ 新华社．习近平在山西考察时强调：全面建成小康社会　乘势而上书写新时代中国特色社会主义新篇章［EB/OL］．（2020-05-13）．中国政协网．
⑥ 新华社．习近平参加内蒙古代表团审议［EB/OL］．（2020-05-22）．中国政协网．

顺关系、强化责任①。新时代开展"爱国卫生运动",要坚持预防为主,创新方式方法,推进城乡环境整治,完善公共卫生设施,大力开展健康知识普及,倡导文明健康、绿色环保的生活方式,把全生命周期管理理念贯穿城市规划、建设、管理全过程各环节,加快建设适应城镇化快速发展、城市人口密集集中特点的公共卫生体系,深入持久开展农村人居环境整治。现在,出门佩戴口罩、垃圾分类投放、保持社交距离、推广分餐公筷、看病网上预约等,正在悄然成为良好社会风尚。这些健康文明的做法要推广开来、坚持下去②。

"爱国卫生运动"是我们党把群众路线运用于卫生防病工作的成功实践,是贯彻预防为主方针的伟大创举。当前,爱国卫生工作仍存在一些薄弱环节,城乡区域发展不平衡不充分的问题仍然突出,工作方式方法比较单一,信息化程度还不高,基层机构和能力弱化③。

要总结新冠疫情防控斗争经验,丰富爱国卫生工作内涵,创新方式方法,推动从环境卫生治理向全面社会健康管理转变,解决好关系人民健康的全局性、长期性问题;要全面改善人居环境,加强公共卫生环境基础设施建设,推进城乡环境卫生整治,推进卫生城镇创建;要倡导文明健康绿色环保的生活方式,开展健康知识普及,树立良好饮食风尚,推广文明健康生活习惯;要推动将健康融入所有政策,把全生命周期健康管理理念贯穿城市规划、建设、管理全过程各环节。各级党委和政府要把爱国卫生工作列入重要议事日程,探索更加有效的社会动员方式。

思考问题:

1. 习近平总书记对大力开展"爱国卫生运动"做出了哪些指示?

2. 为什么要大力开展"爱国卫生运动"?

3. 助力"爱国卫生运动",我们应该怎么做?

案例使用说明。

1. 案例的思政价值

深刻认识"爱国卫生运动"的重要性。人类健康是社会文明进步的基础。

---

① 新华社. 习近平参加湖北代表团审议 [EB/OL]. (2020-05-24). 新华网.

② 新华社. 习近平参加湖北代表团审议 [EB/OL]. (2020-05-24). 新华网.

③ 国务院. 国务院关于深入开展爱国卫生运动的意见 [EB/OL]. (2020-11-14). 中国政府网.

"爱国卫生运动"，是保障广大人民群众生命安全和身体健康的重要抓手，是建设健康中国、全面建成小康社会的必然要求，也是我们党领导卫生工作的伟大创举，反映了我国卫生工作的鲜明特色。我们党在领导人民进行革命、建设、改革的实践中，非常重视开展"爱国卫生运动"，对预防和减少疾病、保护人民健康发挥了十分重要的作用。党的十八大以来，习近平总书记多次谈到要继承和发扬"爱国卫生运动"优良传统，特别是新冠疫情发生以来，更是多次强调。

　　增强公众的健康意识和主人翁精神。新时代"爱国卫生运动"怎么抓？按照习近平总书记的重要论述，就是要紧紧依靠人民群众，积极探索更有效的社会动员方式，把广大人民群众发动起来，全民动员、全民参与。在这次疫情防控斗争中，在以习近平同志为核心的党中央统一领导下，全国动员、全民参与，联防联控、群防群治，构筑起最严密的防控体系，凝聚起坚不可摧的强大力量，这是我国能够在较短时间内取得疫情防控阻击战的重大战略成果的重要原因，也是我们取得的宝贵经验，值得好好总结，大力弘扬。今天广泛深入开展"爱国卫生运动"不是简单的环境治理，而是要实现从环境治理向全面社会健康管理转变，将健康意识的提高浸润全民，这就更加需要广大人民群众树立起主人翁精神，自觉参与。

　　2. 案例分析要点

　　问题1：要坚持预防为主的卫生与健康工作方针，加强公共卫生队伍建设和基层防控能力建设，推动医防结合。要立足当前、着眼长远，加强战略谋划和前瞻布局，坚持平战结合，完善重大疫情防控体制机制，健全公共卫生应急管理体系。要加快构建关键核心技术攻关新型举国体制，不断完善我国公共卫生体系，切实提高应对突发重大公共卫生事件的能力和水平。要坚持预防为主，创新方式方法，推进城乡环境整治，完善公共卫生设施，大力开展健康知识普及，倡导文明健康、绿色环保的生活方式，把全生命周期管理理念贯穿城市规划、建设、管理全过程各环节。

　　问题2："爱国卫生运动"是党和政府把群众路线运用于卫生防病工作的伟大创举和成功实践，是中国特色社会主义事业特别是公共卫生工作的重要组成部分。这一运动是将我国的政治优势、组织优势、文化优势，特别是群众运动优势转化为不断增进人民群众健康福祉的具体行动，主要目的就是把广大人民群众发动起来，全民动员、全民参与，不断改善城乡环境，着力解决突出卫生问题，普及健康生活方式，切实维护人民群众健康权益。

问题3：人人动手开展室内外环境大扫除，清理日常垃圾，清除卫生死角，不随地吐痰，不乱扔乱倒。积极践行良好卫生习惯，确保环境卫生保平安。室内外不堆积杂物，妥善储存食物、及时清倒垃圾，封堵所有直径大于0.6厘米的孔、洞、缝，使老鼠"入室无门"。清除各种积水和积水容器，水培植物每隔7天换水洗瓶，控制蚊虫滋生，房间适时安装纱门纱窗。在公共场所就餐，要自觉使用公筷公勺，形成良好的用餐礼仪。

3. 教学运用

本案例建议采用嵌入式案例讲授法实施。

（1）课前准备

案例于上课前一周发给学生，学生课前应阅读案例，并自行查阅更多相关资料，了解更多关于"爱国卫生运动"的内容，做好课堂讨论准备。

（2）课时分配（时间安排）：15分钟

嵌入式案例讲授实施路径

模块	内容	讲授	思政元素
模块一……	知识点1	嵌入式案例引导、举例、解释……	思政元素隐性渗透
	知识点2		
	……		

（3）讲授方式

按照课程相关知识点需要，教师主动引入案例进行引导、举证、说明，学生可自由发言，开展碎片化、快速化互动。

（4）教学总结

①学生课前准备是否充分，对于案例讲授环节需要掌握的背景资料、核心知识、关键概念的了解情况。

②教师讲授过程是否主题明确，知识点嵌入是否合理，学生发言能否遵守基本礼仪，语言表达是否清晰，逻辑是否合理，观点是否正确，是否具有较强的互动共情能力。

③师生陈述的内容能否体现案例所反映的现象与本质，对案例所体现的价值内涵解读是否全面。

④案例讲授中，是否遵循案例教学的过程开放，鼓励学生发言，培养学生独立思考的能力；思政元素植入是否自然，以及在价值引导上效果如何。

案例 11　"大数据+人工智能" 加持疫情防控①

摘　要： 有效抗击新冠疫情，离不开科学方法的指导。本案例介绍在疫情防控中，大数据与人工智能凭借其安全性和准确性的特点，助力疫情防控。通过对"物联网+人工智能"、远程诊疗、健康码等工具的应用，体现我国疫情防控的科学性。

关键词： 大数据；科学防疫；人工智能

我国的抗疫实践已经证明，大数据对于疫情追踪溯源、实现精准防控起到了重要作用。抗疫期间，医疗领域的科技创新对于国内疫情防控形势持续向好的局面帮助很大。大城市医生为县级医院重症患者远程会诊，国内医学专家与欧洲专家远程连线探讨医疗抗疫措施，健康码在精准抗疫的同时，也成为复工复产的技术依据之一，物联网技术与人工智能相结合产生一系列创新产品，为抗疫提供更好的技术支持……放眼全国，医疗创新方式和技术层出不穷。战"疫"催生了医疗领域的科技创新，这些创新则帮助我们更好地克服难题、战胜疫情。

"物联网+人工智能" 大显身手

在新冠疫情阻击战中，越来越多的物联网创新技术和应用出现在抗疫一线。

中国科技公司京东方（BOE）生产的专业医疗显示器材、智能会议一体机等已应用于武汉多家医院，为战"疫"注入科技力量。其中，武汉火神山医院和雷神山医院的医疗监护仪、呼吸机等重要生命体征监测仪器采用的就是京东方的 10.4 英寸和 12.1 英寸医疗显示设备。同时，京东方还研发生产了 55 英寸超高清医疗显示器材，通过医疗级色坐标调校，能够清晰呈现更高的血管及器官影像对比度，全视角无色差，助力医生实施更加精准的会诊及手术，结合京东方远程会诊平台，异地医生及专家还可以进行远程会诊、远

---

① 陆培法、杨俊峰．医疗创新，为战"疫"注入科技力量——大数据+AI 安全又精准 [N]．人民日报海外版，2020-03-31．

程学术交流等远程医疗服务，实现高效的医疗资源共享。

利用阿里达摩院研发的人工智能算法，浙江省疾控中心上线了自动化全基因组检测分析平台，可将原来数小时的疑似病例基因分析缩短至半小时，大幅缩短了确诊时间。值得一提的是，快速高效的智能化全基因组检测技术，不仅能精准检测出病毒的变异情况，还能有效防止因病毒变异产生的漏检。同时，阿里也优化了人工智能算法比对模型，为后续疫苗与药物的研发打下了基础。

科大讯飞用人工智能辅助医疗构建基层疫情防线，利用"智医助理"进行病历分析，筛查潜在高危患者，协助基层医生进行疫情筛查防控和防疫知识宣教。同时，面向启动重大突发公共卫生事件一级响应的省区市，科大讯飞旗下的"智能语音外呼助手"免费协助新冠疫情的重点人群筛查与跟进随访。相比传统的排查方式，智能语音可提升效率5倍以上，有效地减轻了基层医务工作者的随访负担。

基于人工智能图像识别技术和红外热成像技术，百度上线了人工智能多人体温快速检测解决方案，该方案使用基于人脸关键点检测及图像红外温度点阵温度分析算法，可以在一定范围内，对人流区域多人额头温度进行快速筛选及预警，解决了佩戴口罩及帽子造成的面部识别特征较少的问题，方便对人流聚集处的快速筛选，目前已在多地推广应用。

远程诊疗决胜千里

2020年2月21日，在湖北襄阳市中心医院东津院区的远程会诊中心，医院医务人员和辽宁医疗队的部分队员，同远在沈阳的中国医科大学附属第一医院专家通过远程会诊，研讨一名新冠肺炎疑似患者的救治方案。

屏幕上，一个肺部CT影像呈现在双方医疗队员的面前。"这个患者患有白血病，合并肺部感染。虽然两次核酸检测结果均为阴性，但我们对此次CT影像的结果存在不同意见，不能排除新冠肺炎。"医院康复医学科副主任詹燕"隔空"向另一头介绍情况。"双肺有一个病变，通过这些天的病灶观察比对，细菌感染的可能性更大，可以转到专业病房进行常规治疗。"对方提出建议。

新冠疫情发生后，襄阳市卫健委第一时间对"襄阳市远程医疗服务平台"进行升级扩展，将远程医疗系统覆盖到全市所有救治点；同时，将远程医疗服务平台与中国医科大附属第一医院、宁夏医科大学总医院等援襄省份重点医院进行连通，利用远程医疗整合市内外专家资源，形成了襄阳抗疫救治"统一战线"。

"远程诊疗系统的运用，在一定程度上帮助基层缓解了一线医护人员调配紧张、超负荷工作的情况；同时，减少了医疗专家往返疫区感染的风险。"襄阳市卫健委信息中心主任杜成云说。

此外，防疫期间，远程问诊还承担着分流普通流感患者、减轻恐慌情绪、帮助慢性病患者取药以及对疑似患者进行就诊和隔离引导等任务。

"之前有几声咳嗽，怕感染不敢去医院看病，但又疑心自己是不是'中招'了，看到有线上问诊的小程序马上进去试试看，后来确定是普通感冒，压在心里的大石可算落地了。"来自深圳的梁辛今年30岁，是一名家庭主妇，远程问诊平台的诊断，帮她解决了"心病"。

"对患者来说，远程诊疗一方面能消除疑虑和恐慌。其实问诊的很多人都只是普通感冒，但是他们会害怕自己得的是新冠肺炎；另一方面是对病人的帮助，对于怀疑自己感染新冠病毒的病人，我们就告诉他要做好隔离措施并尽快到医院治疗，不要延误治疗时机。"北京一名线上医生陈如说。

不能出门但要看病，疫情催生了大量线上问诊需求，这让远程医疗行业迎来发展新机遇。"春节那几天接诊量很大，早上7点30分至晚上12点，基本在线上工作。"广州某三甲医院线上发热门诊问诊医生表示，远程问诊能够帮助缺乏经验的基层医院对新冠肺炎病症是否成立进行更加准确的诊断。

互联网公司在线上诊疗领域的布局也在加快。抗疫期间，阿里健康、京东、腾讯微信、微医、丁香园、新浪微博、1药网、好大夫等均上线了在线问诊平台。此外，各地定点医院也主动开设了线上问诊服务。部分医院的公众号开设了线上问诊平台，还有部分医疗平台也专设了"线上问诊"分区。

健康码助力精准防疫

"绿码直接进入杭州，红码集中隔离14天，黄码隔离7天以内"——红、黄、绿三色的健康码，从2020年2月初在杭州余杭区率先推出，之后杭州全市推广，浙江11地市全部上线；到2月中旬，国务院办公厅电子政务办指导支付宝加速研发全国统一的疫情防控健康信息码，只用了不到10天时间。

2020年2月13日，杭州正式推广"健康码"的当天，下城区文晖街道的"武林大妈"志愿者毛苍鹏，在地铁口值班时就借助"健康码"成功识别出一名黄码返工人员，"从发现黄码人员到落实居家隔离，全程只用了15分钟"。

通过"健康码"一码核验、免除登记、减少接触、捕捉变化。"'一人一码'不仅让社区防疫更精准，还大大提升了工作效率。"文晖街道办事处主任冯琼梅说。杭州市防控指挥部相关负责人认为："疫情防控期间，借助'健康码'既为外来务工人员带来了方便，又为城市运行管理提供了数据支撑。"

不只是阿里的支付宝健康码，资料显示，腾讯健康码覆盖了北京、广东、四川、云南、天津、贵州、上海、重庆、广西、湖南、湖北、安徽、青海等近 20 个省区市，累计亮码人次超过 16 亿次，累计访问量超过 60 亿次。

2020 年 3 月 19 日 13 点 24 分、15 点 13 分，首批从湖北开往广东的两趟免费复工返岗高铁专列，先后从湖北荆州站开出，"点对点"输送 1631 名荆州籍务工人员到 898 家广东企业返岗复工。他们全部申领了湖北健康码，并通过了核酸检测。

随着复工复产有序推进，健康码全国互认正在按下"快进键"。3 月 20 日，国家卫生健康委规划司司长、全国爱卫办副主任毛群安表示："目前，国务院电子政务办和国家卫生健康委提供了各地跨省份互认共享的三种路径，请各个省份结合本地的实际来选择实施。"

这三种路径的第一种是在不改变地方现有健康码的情况下，通过跨地区防疫健康信息数据共享，在本地健康码中增加跨地区互认功能。第二种是各地健康码与全国一体化政务服务平台"防疫信息码"对接，以全国一体化政务服务平台"防疫信息码"为中介进行转换，从而实现跨地区健康码互认。第三种是未建设本地健康码的地区，可直接采用全国一体化政务服务平台"防疫信息码"，同时结合本地防疫健康相关信息，实现跨地区互通互认。

目前，全国各省（区、市）依托全国一体化政务服务平台正在深入推广"健康码"互信互认应用，作为在交通卡口、居住小区、工厂厂区以及公共管理和服务机构的通行凭证，推进在全国范围"一码通行"。湖北、北京等地依托全国一体化平台实现了防疫信息共享，在符合本地防疫管理要求前提下推动人员有序流动。

"从目前来看，有序推动健康码互认，也在不断地优化和迭代，这是积极举措，效果值得肯定。"中国政法大学传播法研究中心副主任朱巍表示，"需要注意的是，其中收集的健康信息都是个人核心信息，在实施过程中，国家应加强对个人信息安全的保护。"

习近平总书记指出，要建立健全大数据辅助科学决策和社会治理的机制，推进政府管理和社会治理模式创新，实现政府决策科学化、社会治理精准化、公共服务高效化。以这次疫情为契机，我国应进一步推动数字经济快速、高质量发展，培育一批面向世界的高科技企业和大量的技术人才支持，推动中国在大数据技术的应用方面走在世界前列①。

思考问题：

1. 人工智能技术在抗疫中有哪些独特优势？

2. 人工智能技术是如何助力疫情防控的？

3. 从此次运用人工智能技术抗击新冠疫情的经验中，你能获得哪些启示？

案例使用说明。

1. 案例的思政价值

培养大学生求真务实的科学精神。一场疫情，不仅加速了人工智能技术应用的广泛落地，更引发了全球对长期防疫机制和社会治理方式的思考，这些都离不开求真务实的科学精神。后疫情时代的社会治理方面，以未来社区为例，有两大发展趋势：一是基于"物联网+大数据+人工智能"，未来社区的智能化建设理念是"互联互通，共享共治"；二是未来社区的建设目标将以运营长效化、感知智能化、数据管理化、服务在线化、运营节能化为核心。后疫情时代需彰显科学服务本色，大学生应培养"求真务实、开拓创新"的实践品格，热爱所学专业，树立严谨的科研态度，培养务实的科研精神，塑造求真的科研品格，在科学研究中敢于创新、善于创新，努力成长为某一专业领域的优秀科研工作者。

激励大学生树立远大理想信念。习近平总书记指出，要鼓励运用大数据、人工智能、云计算等数字技术，在疫情监测分析等方面更好地发挥支撑作用。这场疫情中，大数据、人工智能、云计算等数字技术，在疫情监测分析、病毒溯源、防控救治、资源调配等各方面发挥了支撑作用。人工智能的抗疫赋能贯穿始终，体现在风险研判、协同调度、监督执纪、公共服务四个关键领域。同时，各个关键领域中也涌现出了智能抗疫的经典案例，人工智能技术的落地应用"各显神通"，如智慧客服、迁徙预测、智能机器人、智能研发、智能诊断、5G智慧视觉等。不断激励新时代大学生提升自身专业素养，树立远大理想信念，在学习生活中刻苦钻研、精益求精，用自己的努力奋斗，推动国家的科学进步与发展。

---

① 何慧灵，高铭. 疫情常态化防控背景下需进一步提升大数据应用实效 [EB/OL].（2020-09-09）. 光明网.

2. 案例分析要点

问题1：人工智能技术的应用，可以更好地"武装"医护工作者，在战"疫"的过程中起到事半功倍的效果。在此次疫情防控攻坚战中，人工智能等新一代信息技术发挥着"逆行者"的作用，以其先进的智能优势，提高溯源的精准度和筛查效率，助力我国抗疫防疫，成就抗疫"中国经验"。

问题2：首先，通过"物联网+人工智能"，帮助医护人员更好地进行诊疗，减轻医护人员负担，监测病毒变异情况，对人流进行快速筛查；其次，运用远程诊疗系统，帮助基层缓解一线医护人员调配紧张、超负荷工作的情况，也减少了医疗专家往返疫区感染的风险，还承担了分流普通流感患者、减轻恐慌情绪、帮助慢性病患者取药以及对疑似患者进行就诊和隔离引导等任务。此外，通过研发健康码，实现各地依托全国一体化平台进行防疫信息共享，在符合本地防疫管理要求前提下，推动人员有序流动。

问题3：人工智能是引领未来的重要战略性技术，是新一轮产业革命和技术革命的重要驱动力量，也是推动国家经济社会全面健康可持续发展的新引擎。此次疫情防控中大量人工智能技术投入实际应用，充分说明以人工智能、大数据等为代表的新一代信息技术通过前期的快速发展和实践积累，已经越来越商业化、市场化、普及化；说明我国人工智能产业规模不断发展壮大，与实体经济的融合持续深入，智能社会形态逐渐显现，数字经济不断壮大，并正在呈现蓬勃兴起的良好势头。

3. 教学运用

本案例建议采用案例 Seminar 法实施。

（1）课前准备

案例于上课前一周发给学生，学生课前应阅读案例，并自行查阅更多相关资料，了解人工智能技术在医疗领域的发展趋势，特别是在疫情防控中的广泛应用情况，做好课堂讨论准备。

（2）课时分配（时间安排）：70 分钟

案例 Seminar 实施路径

教学环节	预计时间（分钟）	教学形式
研讨问题呈现	5	教师讲解与布置
课堂限时小组研讨	20	学生在规定时间内针对问题研讨

教学环节	预计时间（分钟）	教学形式
小组或学生代表发言	15	3~5名学生发言
教师小结	5	教师归纳研讨结论
学生提问	5	2~3名学生提问
相互提问与批判	15	组间或个人相互提问、批判
问题总结	5	教师评价、总结、反思、评分。注重案例思政意义的植入
合计	70	

（3）讨论方式

教师明确研讨主题，学生针对具体问题开展讨论，师生之间可以进行提问、辩论或观点陈述，教师进行总结与评价。

（4）教学总结

①学生课前准备是否充分，对于案例分析需要掌握的背景资料、核心知识、关键概念是否有系统的了解，对研讨问题的把握是否准确。

②课前、课中的研讨过程，态度是否认真、发言是否积极，提问、辩论环节是否能够遵守基本礼仪，语言表达是否清晰，逻辑是否合理，观点是否正确，是否具有较强的分析、判断、总结和团队协作的能力。

③陈述内容能否体现案例反映的现象与本质。分析中是否体现辩证思维，对案例体现的价值内涵解读是否全面。

④案例教学中，要遵循案例教学的过程开放，鼓励学生发表不同意见、分析问题和困境，通过思辨、批判以及推理等环节训练学生独立思考的能力；提高思政"结果"的清晰度，加强价值引导效果。

案例 12　中西医结合助力科学抗疫

摘　要：有效抗击新冠疫情，离不开科学方法的指导。本案例介绍了江西中医药大学附属医院使用中医疗法对新冠患者进行治疗，发挥中医药的独特优势，进行科学有效的防疫。通过现代科学支撑下的中西医结合防疫，贯彻我国疫情防控的科学性。

　　关键词：中医药；科学防疫；新冠疫情

　　《中共中央国务院关于促进中医药传承创新发展的意见》明确提出，"彰显中医药在疾病治疗中的优势"，"建立有效机制，更好发挥中医药在流感等新发突发传染病防治和公共卫生事件应急处置中的作用"。从"非典"、甲型H1N1流感，到此次新冠疫情，中西医结合在屡次战"疫"中取得的辉煌战绩充分说明，中西医学的力量汇聚和深层互通已经成为21世纪推进世界医学境界提升和生命科学发展的必然趋势①。

　　中西医结合，离不开现代科学支撑。

　　点燃用艾叶制成的艾条，在距人体表面几厘米的上方游走，不一会儿，患者便感受到体内有一股热量与之"呼应"。在江西省中西医结合定点救治医院——江西中医药大学附属医院抚生院区，通过艾灸人体穴位，充分调动患者自身的抗病机能，热敏灸治疗覆盖率达100%。

　　以传统中医理论为基础，江西中医药大学教授陈日新带领他的团队对灸疗热敏现象展开研究，发现灸疗临床新规律，建立基于灸位与灸量新标准的热敏灸理论与技术新体系，经多中心、大样本、中央随机对照等现代医学临床试验，获得2015年国家科技进步二等奖。

　　发挥热敏灸治疗在祛湿方面的独特优势，在此次疫情救治中，除了在省内定点医院广泛应用，江西省中医药管理局还应邀组织了热敏灸技术专家前往湖北黄冈市蕲春县，支援当地疫情救治，对住院时间较长的患者进行针对性治疗。

　　传统医学和现代科学联袂，焕发新的活力。江西抚州，传统地方医学"盱江医学"和中药炮制流派"建昌帮"历史源远流长。在此次疫情救治中，当地51例已治愈出院患者均服用了由北京大学分子医学研究所雷鸣教授及其团队研制的"建昌一号"方剂。江西省中医药管理局数据也显示，与单纯使用中药和西药相比，中西医结合在较快改善发热、咳嗽、乏力等症状，减少轻症向重症发展等方面效果明显。其中，患者发热症状普遍改善或加速改善1

---

　　① 黄蒨. 中西医结合. 最优化的抗疫中国方案［N］. 中国中医药报，2020-03-27

至 3 天，呼吸道等症状改善 3 至 7 天①。

药方攻关人、留法医学博士释养立介绍，方剂主要成分为古方"雷公藤"，过去 10 余年来团队一直致力于这一药方的现代医学研究，发现其中所含雷公藤甲素（TP）可有效抑制病毒复制，团队结合这一研究成果，第一时间配制方剂投入疫情救治。

江西中医药大学附属医院抚生院区，一名患者肺部影像检查显示，两肺胸膜下可见片状磨玻璃影。江西省中医药防治专家组组长刘良徛带领的团队对患者进行抗病毒治疗的同时，配合使用"温肺化纤汤"，一周后，影像检查显示两肺病灶较前有所吸收。

根据"治肺不远温"中医学术思想，创新提出"全程温法治疗肺间质纤维化"，刘良徛团队自拟方剂"温肺化纤汤"，成为疫情期间江西省首个获批的中药院内制剂。团队过去近 20 年的基础研究发现，该方剂在抑制肺间充质干细胞在氧化应激环境下凋亡，改善肺间充质干细胞活力方面效果明显。

"立足基础研究，在传承中创新，这是中西医结合的基础和前提。"刘良徛说。

思考问题：

1. 中医药在抗疫中发挥了哪些独特优势？

2. 为什么要中西医结合抗疫？

3. 从此次中医药抗击新冠疫情的经验中，你能够获得哪些启示？

案例使用说明。

1. 案例的思政价值

尊重科学，勇于探寻。中医药在新冠疫情阻击战中，发挥了不可磨灭的作用。江西中医药大学在充分认识客观规律的基础上，全程参与抗疫，充分发挥辨证论治、分类救治的优势，对确诊患者、疑似患者、不能排除感染可能的发热患者和确诊患者的密切接触者四类患者普遍提供中药，对阻止疫情蔓延起到关键作用；综合采用汤药、中成药、针灸、推拿等中医疗法，坚持"疗效就是硬道理"，边救治边研究，快速筛选出临床效果显著的"三药

---

① 刘健，吴锺昊，高皓亮，袁慧晶. 疫情下一群中西医的"混合双打"［EB/OL］.（2020-03-17）. 中华网.

三方"。

　　树立自信，传承创新。疗效为上、技术为先，是中医药的立足之基，也是发展动力之源。中医药系统积极参与新冠疫情防治，彰显出中医药的时代价值。作为青年大学生，特别是中医药大学的学生，要树立中医药文化自信，努力学习好、传承好、利用好、创新好中医药，为我国中医药事业的高质量发展做出贡献。

　　2. 案例分析要点

　　问题1：临床科研一体化是中医药的特色和优势，也是中医药抗疫发挥作用的重要支撑。中医药在充分认识客观规律的基础上，全程参与抗疫，充分发挥辨证论治、分类救治的优势，对确诊患者、疑似患者、不能排除感染可能的发热患者和确诊患者的密切接触者四类患者普遍提供中药，对阻止疫情蔓延起到关键作用；综合采用汤药、中成药、针灸、推拿等中医疗法；坚持"疗效就是硬道理"，边救治边研究，快速筛选出临床效果显著的"三药三方"。

　　问题2：中西医结合、中西药并用，传统医学和现代科学联袂，自疫情发生后，在缺乏特效药和疫苗的情况下，中医药凭借历史上针对瘟疫的扶正祛邪治则和辨证论治方法，全程参与疫情防控与患者救治，极大地提高了治愈率、降低了病亡率。与此同时，通过优势互补、双管齐下，中西医结合也在战"疫"中发挥出了"1+1>2"的重要作用。传承精华，守正创新，撑起了生命的"保护伞"。

　　问题3：我们要秉持科学精神，遵循科学规律，继承好、发展好、利用好中医药学。我们要通过中医药推动落实共建人类命运共同体和卫生健康共同体工作。尤其以中医药参与疫情防控合作为重点，继续加强中医药抗疫方案和经验的介绍，同世界各国分享中医药抗疫的经验做法，开展国际抗疫合作，为各国抗疫贡献更多中医药智慧和力量。

　　3. 教学运用

　　本案例建议采用典型案例分析法实施。

　　（1）课前准备

　　案例于上课前一周发给学生，学生课前应阅读案例，并自行查阅更多的相关资料，了解中医药在抗疫过程中的突出贡献，做好课堂讨论准备。

（2）课时分配（时间安排）：30 分钟

典型案例分析实施路径

教学环节	预计时间（分钟）	教学形式
课前预习	—	学生查找案例背景资料，预习知识点
案例呈现	10	教师讲解或学生讲解
分析问题	10	教师引导学生发言
提问解惑	5	学生提出疑惑问题，师生回答
教师总结点评	5	教师总结，注重案例思政意义的植入
合计	30	

（3）分析方式

教师与学生共同参与讲解，教师引导学生发言，答疑解惑，总结升华。

（4）教学总结

①学生课前准备是否充分，对于案例分析需要掌握的背景资料、核心知识、关键概念了解情况。

②案例分析过程中，学生的态度，情感反馈，发言、提问环节能否遵守基本礼仪，语言表达是否清晰，逻辑是否合理，观点是否正确，是否具有较强的分析、判断、总结能力。

③学生陈述内容是否基本能够体现案例反映的现象与本质，比较分析中辩证思维的体现，对案例体现的价值内涵的解读。

④案例教学中，课堂是否遵循案例教学的过程开放，鼓励学生发表不同意见、分析问题和困境，通过思辨、批判以及推理等环节训练学生独立思考的能力；提高思政"结果"的清晰度，加强价值引导的。

模块五 命运与共

案例 13 抗疫白皮书诠释人类命运共同体理念①

摘 要：案例从中国发布的《抗击新冠肺炎疫情的中国行动》白皮书，引出我国在抗击新冠疫情过程中，坚持人类命运共同体理念，为全世界的抗疫提供中国方案。以全球新冠疫情为背景，通过解读中国抗疫白皮书蕴含的人类命运共同体理念，感受我国在面对新冠疫情时，愿与世界各国休戚与共，并肩战斗的愿景。

关键词：抗疫白皮书；人类命运共同体；新冠疫情

2020 年 6 月 7 日，《抗击新冠肺炎疫情的中国行动》白皮书正式发布。在全球疫情肆虐的当下，中国发布此白皮书意义重大。中国国际问题研究院常务副院长阮宗泽和中共中央党校国际战略研究院教授赵磊认为，白皮书是中国提供给世界的一本抗疫手册，"共同体"是这本手册里的高频词。这本手册生动诠释了人类命运共同体理念。

白皮书是中国提供给世界的抗疫手册

疫情发生后，中国采取最全面、最严格、最彻底的防控措施，付出巨大的努力和牺牲，用 3 个月左右的时间取得了武汉保卫战、湖北保卫战的决定性成果。阮宗泽表示，"中国遏制住本国疫情，为全球抗疫起到非常好的表率作用，为世界抗疫注入了信心"。

---

① 李雪梅．中国抗疫白皮书生动诠释人类命运共同体理念［EB/OL］．2020-06-10．新华网

"白皮书是中国提供给世界的一本抗疫手册。"赵磊指出，"白皮书第二、第三部分分享了中国防疫经验。防控和救治两个战场协同作战、平衡疫情防控与经济社会民生等措施，为其他国家防疫提供了借鉴。"

"白皮书显示，这 3 个月里，中方密集地做一些有针对性的工作，强度之大，具体到一天可能出台几个政策、几项举措。中国抗疫之所以有效，得益于跟时间赛跑。"赵磊说。

疫情验证了人类命运共同体理念超前

2013 年，中国提出人类命运共同体理念。赵磊认为，新冠疫情的发生和蔓延，验证了人类命运共同体理念的超前性和价值，且目前得到了国际社会的高度认可。阮宗泽指出，"'共同体'是白皮书里的高频词，进一步凸显这一理念的重要性"。

在人类命运共同体理念下，团结合作是应有之义。赵磊指出，白皮书提到习近平主席在二十国集团领导人特别峰会、第七十三届世界卫生大会上的两次重要发言，从四点倡议到六点建议，核心词就是"团结合作"。白皮书的功能之一就是对国际合作的呼吁。

疫情突如其来，范围空前、速度空前，唯有国际合作才能够有效应对。"凡是合作抗疫，抗疫效果都相当不错，凡是搞单边主义、自我优先，抗疫效果就要差一些，甚至出现灾难性状况。"阮宗泽说。

应对杂音最好方法就是把自己的事做好

在人类携手抗疫的过程中，破坏抗疫合力的杂音甚嚣尘上，指责中国延误信息、瞒报数据，甚至扬言向中国索赔追责。阮宗泽表示，"这些声音在国际上不是主流，但是影响很坏。白皮书坚决反对污名化和疫情政治化，用事实回击了抹黑中国的谣言"。

抗疫过程中，中方每取得一点成果都会及时与国际社会分享，中国的努力也得到国际社会的广泛承认。"西方政客、舆论对中国的抹黑、污蔑，不能代表国际社会，在这个问题上，我们要有信心。"阮宗泽说。

"中国在疫情最严重的时候，没有哭丧着脸，没有抱怨、猜忌，而是以扎实的工作回应各种质疑。"赵磊高度评价中国应对西方抹黑的工作。他表示，在后疫情时代，这种杂音可能还会存在，"应对的最好方法还是把自己的事情做好"。

分享中国抗疫经验，发出呼吁团结合作的坚定声音，反对污名化和疫情政治化，人类命运共同体理念贯穿中国抗疫始终，也内化于 3.7 万字的白皮书里。在全球疫情仍在持续蔓延，国际社会面对更加严峻的困难和挑战形势下，发布白皮书分享中国疫情防控和医疗救治的有效做法，介绍中国人民历经疫情磨难的感受和体会，对传递团结合作、战胜疫情的信心和力量，打赢全球疫情防控战无疑有着十分重要的意义①，世界各国需紧紧站在一起，休戚与共，并肩战斗。正如白皮书所说，全世界人民心怀希望和梦想，秉持人类命运共同体理念，目标一致、团结前行，就一定能够战胜各种困难和挑战，建设更加繁荣美好的世界。

思考问题：

1. 我国对于全球抗疫的态度是什么？

2. 我国为全球抗疫做出了什么贡献？

3. 对于个别国家对我国抗疫的"污名化"，我们应该怎么做？

案例使用说明。

1. 案例的思政价值

树立大学生休戚与共的整体意识。在新冠疫情暴发的当下，我国站在整体人类社会的利益来看待疫情。不论是发达国家还是发展中国家，在发生重大的流行疾病时是不分国家与种族的。因此，在当前的全球化时代，疫情发生之时，没有任何一个国家能够置身事外。大学生要树立起人类卫生健康共同体意识，正确地认识到在面对卫生健康问题时，需要所有人共同努力，休戚与共地面对困难，从而使人民的生命健康得以保障。

坚决反对污名化，呼吁大学生专心致志做好自己的事。面对新冠病毒对人类生命安全和健康的严重威胁，当务之急是团结合作、战胜疫情。人类的共同敌人是病毒，而不是某个国家、某个种族。中国呼吁国际社会更加团结起来，摒弃偏见和傲慢，抵制自私自利、"甩锅"推责，反对污名化和疫情政治化，让团结、合作、担当、作为的精神引领全世界人民取得全球抗疫胜利。中国是病毒受害国，也是全球抗疫贡献国，应该得到公正对待而不是责难。中国在疫情最严重的时候，没有哭丧着脸，没有抱怨、猜忌，而是以扎实的工作回应各种质疑。新时代大学生更应该专注于提升自身能力，做好自己

---

① 刘廷飞，左翰嫡．中国抗疫白皮书发布　艰辛历程见证伟大斗争［EB/OL］．（2020-06-08）．中央纪委国家监委网．

的事。

2. 案例分析要点

问题 1：在全球疫情防控中，我国坚持多边主义，秉持人类命运共同体理念，与世界人民目标一致、团结前行，直面各种困难和挑战，为建设更加繁荣美好的世界而努力。

问题 2：中国始终同国际社会开展交流合作，加强高层沟通，分享疫情信息，开展科研合作，力所能及地为国际组织和其他国家提供援助，为全球抗疫贡献中国智慧、中国力量。中国同国际社会分享疫情信息和抗疫经验，为全球抗疫提供了很多有效的做法，一些国家和国际组织对此给予高度评价。中国呼吁，坚持生命至上、全球一体、平等尊重、合作互助，建设惠及全人类、高效可持续的全球公共卫生体系，筑牢保障全人类生命安全和健康的坚固防线，构建普惠性的人类卫生健康共同体。

问题 3：我国坚决反对污名化和疫情政治化。疫情暴发以来，中国始终坚持公开、透明、负责任原则及时向国际社会公布疫情信息，中国呼吁国际社会更加团结起来，摒弃偏见和傲慢，抵制自私自利、"甩锅"推责，反对污名化和疫情政治化，让团结、合作、担当、作为的精神引领全世界人民取得全球抗疫胜利。

3. 教学运用

本案例建议采用案例 Seminar 法实施。

（1）课前准备

案例于上课前一周发给学生，学生课前应阅读案例，并自行查阅白皮书有关的具体内容，了解白皮书出版的背景以及我国为全世界抗疫做出的贡献，做好课堂研讨准备。

（2）课时分配（时间安排）：70 分钟

案例 Seminar 实施路径

教学环节	预计时间（分钟）	教学形式
研讨问题呈现	5	教师讲解与布置
课堂限时小组研讨	20	学生在规定时间内针对问题研讨
小组或学生代表发言	15	3~5 名学生发言
教师小结	5	教师归纳研讨结论
学生提问	5	2~3 名学生提问

教学环节	预计时间（分钟）	教学形式
相互提问与批判	15	组间或个人相互提问、批判
问题总结	5	教师评价、总结、反思，评分。注重案例思政意义的植入
合计	70	

（3）讨论方式

教师明确研讨主题，学生针对具体问题开展讨论，师生之间可以进行提问、辩论或观点陈述，教师进行总结与评价。

（4）教学总结

①学生课前准备是否充分，对于案例分析需要掌握的背景资料、核心知识、关键概念是否有系统的了解，对研讨问题的把握是否准确。

②课前、课中的研讨过程，态度是否认真、发言是否积极，提问、辩论环节是否能够遵守基本礼仪，语言表达是否清晰，逻辑是否合理，观点是否正确，是否具有较强的分析、判断、总结和团队协作的能力。

③陈述内容能否体现案例反映的现象与本质。分析中是否体现辩证思维，对案例所体现的价值内涵解读是否全面。

④案例教学中，要遵循案例教学的过程开放，鼓励学生发表不同意见、分析问题和困境，通过思辨、批判以及推理等环节训练学生独立思考的能力，提高思政"结果"的清晰度，加强价值引导效果。

案例14　积极援助给全球战"疫"送"希望之光"①

摘　要： 案例从中国在全球疫情过程中对其他各国的援助，引出我国始终坚持人类命运共同体理念，携手世界各国，共同抗击新冠疫情。以全球新冠疫情为背景，通过引用国内外新闻媒体、自媒体的数据与评价，感受我国为全球抗疫做出的贡献。

---

① 赵昊，贾艺宁．中国给全球战疫送来"希望之光"［EB/OL］．（2020-04-09）中国政府网．

关键词：全球战"疫"；人类命运共同体；新冠疫情

2020 年 4 月 6 日，加纳首都阿克拉的科托卡国际机场工作人员从包机上卸载物资。中国援助 18 个非洲国家的抗疫物资于当日运抵加纳。除加纳外，这批物资还将在这里中转，运往其他 17 个国家，以帮助当地抗击新冠疫情。

新冠疫情在全球暴发后，中国作为一个负责任的大国，积极向他国援助医疗防护物资。

习近平主席在二十国集团峰会上发表重要讲话时表示，"中方秉持人类命运共同体理念，愿同各国分享防控有益做法，开展药物和疫苗联合研发，并向出现疫情扩散的国家提供力所能及的援助"。

国际社会普遍认为，中国的援助有效缓解了疫情严重国家的医疗防护物资紧缺问题，为世界战"疫"提供了巨大助力。

危急时刻　伸出援手

面对这一全球性危机，中国积极向世界各国援助抗疫物资，切实有效帮助他国抗疫。美国彼得森国际经济研究所网站说，中国的医疗物资给世界抗疫"带来了希望之光"。

据俄罗斯卫星通讯社报道，俄罗斯工贸部新闻处表示，中国向俄运送了 26 吨人道物资，包括医用口罩、防护口罩、防护服、一次性手套、鞋套和红外线体温计。

意大利新冠疫情暴发后，中国第一时间向其伸出援手。据意大利《晚邮报》报道，意大利都灵市与北京之间已建立起一座"空中桥梁"，用于运送中国向意捐赠的在国际市场上难以获得的医疗用品。

此外，中国积极援助广大发展中国家抗击疫情。当地时间 2020 年 4 月 6 日上午，满载着中国政府援助中西非地区 18 国的医疗物资包机抵达加纳首都阿克拉。

中国及时伸出援助之手，得到了国际社会的广泛好评。塞尔维亚国防部部长在 2020 年 3 月 27 日谈到中国和塞尔维亚共同抗击病毒时表示，"塞尔维亚人民知道中国人民是我们的好朋友，在困难时期铸就了钢铁般的友谊"。

疫情在特立尼达和多巴哥发生后，中方第一时间向特多政府提供一系列抗疫资料、筹集援助物资。特立尼达和多巴哥总理罗利称："中国是值得信赖的真朋友。"

复工转产　产能强劲

"中国是一个知恩图报的国家。"中国国际问题研究院常务副院长阮宗泽在接受采访时表示。此前，外交部发言人耿爽在外交部例行记者会上表示，我们永远不会忘记在中国疫情最严重的时候，国际社会对中国提供的政治支持以及 79 个国家和 10 个国际组织为中国人民提供的抗疫物资援助。"因此，当疫情在中国基本得到控制后，中国要投桃报李。"阮宗泽指出。意大利外长迪马约在接受采访时表示，意大利疫情暴发后，中国第一个向意大利提供医疗物资，并派遣医疗专家。"当初武汉疫情暴发时，意大利向中国赠送了 4 万只口罩，而被指责廉价抛售了用来保护意大利人的物资。如今，中国回赠数百万只口罩。"

据英国《金融时报》报道，欧盟委员会主席冯德莱恩此前在讲话中感谢中国为欧盟抗击疫情提供支持，她同时表示，"中国没有忘记今年 1 月欧盟对中国的支持"。

"此外，中国秉持人类命运共同体的理念。疫情不分国界，如果疫情在全世界持续暴发，最终也会影响中国。此时，帮助别人也是在帮助自己。"阮宗泽表示。

"中国积极援助他国医疗物资反映了我国口罩等医疗物资产能强劲。"商务部研究院国际市场研究所副所长白明在接受本报采访时表示，"此外，疫情发生后，中国积极推动生产医疗物资的企业复工复产，并推动相关企业转产相关医疗物资所必需的原料，从而扩大医疗物资产能。"

疫情暴发后，中国石化党组决定，针对当前全国疫情防控形势严峻、口罩核心原料紧缺的局面，利用自有原料生产优势，立即组织货源，快马加鞭建设 10 条熔喷布生产线。熔喷布是生产口罩的核心原料，是口罩的"心脏"。

雪中送炭　合作应对

"面对突发的疫情，很多国家都措手不及。可以看到，目前国际社会对医疗物资的需求呈井喷的态势，比如很多地区面临'口罩荒'的局面。因此，中国对国际社会进行医疗物资援助，实际上是'急人之急''雪中送炭'的行为。"阮宗泽指出。

未来，中国将如何继续对国际社会施以援手？

阮宗泽指出，中国将根据不同的情况进行不同的援助。针对医疗条件较好的发达国家，它们目前面临着"有钱但买不到物资"的现状，因此，我们将为它们在中国的采购提供便利。

白明认为，中国政府应运用各项政策继续大力支持生产医疗物资的企业生产。相关企业则应适当扩大产能，并确保医疗物资的质量。

二十国集团特别峰会上，习近平主席呼吁："当前，国际社会最需要的是坚定信心、齐心协力、团结应对，全面加强国际合作，凝聚起战胜疫情强大合力，携手赢得这场人类同重大传染性疾病的斗争。"

对此，阮宗泽认为，世界各国都是紧密相连的。因此，一个国家的胜利还远远不够，只有全球都取得了胜利，我们才能说这场抗疫战取得了最终胜利。未来，中国也必将和国际社会站在一起，共同携手应对疫情的考验。

思考问题：

1. 我国采取了哪些行动援助其他国家抗击疫情？

2. 我国大力援助其他国家抗疫，有什么积极意义？

3. 从本案例中，能够获得哪些启示？

案例使用说明。

1. 案例的思政价值

树立守望相助的合作意识。在突发的各类重大公共卫生疾病中，只有人们的共同合作才能够战胜疾病。一些重大的传染性疾病，不仅会对全世界人民的身体健康以及生命安全产生威胁，还会对国家的经济、政治、军事以及安全等问题造成不同程度的影响。只有通过全球共同努力，才能够有效遏制疾病情况的蔓延。因此，大学生要能够重视起合作的力量，认识到命运共同体的现实意义，从而充分树立起正确的卫生健康观。

树立平等相待的包容意识。在当前的疫情阶段，排外主义才是真正的文化病毒，对于新冠疫情而言人们的未知情况较多，网络上还散播着各类不实信息，充斥着一些歧视性的语言，并且一些毁三观的做法正在不断地冲击着人们的文明底线。通过该案例，能让大学生真切地认识到面对疫情，自身应该保持正确的态度，冷静的思考，避免出现歧视现象，并且要多多包容、平等相待，共同合作，使阻力能够转化为动力，共克时艰。

2. 案例分析要点

问题 1：首先，我国同各国分享防控有益做法，开展药物和疫苗联合研发；其次，我国为疫情严重国家提供医疗防护物资，有效缓解了疫情严重国家的医疗防护物资紧缺问题。此外，中国积极推动生产医疗物资的企业复工复产，并推动相关企业转产相关医疗物资所必需的原料，从而扩大医疗物资产能，更好地为世界各国提供援助。

问题2：面对疫情在多国多点暴发的严峻形势，中国尽己所能，向有需要的国家和国际组织伸出援手，并且积极有序推进复工复产，"世界工厂"加速启动，为世界经济注入活力，为各国抗击疫情增添信心。疫情面前，更能体现世界各国是休戚与共的命运共同体。中国用实际行动展现了抗疫的正确姿态，面对疫情全球肆虐，各国之间的团结与合作、同舟共济、共克时艰，有利于夺取全球抗击新冠疫情胜利。

问题3：要树立守望相助的合作意识和平等相待的包容意识，面对新冠疫情，要能够重视起合作的力量，认识到命运共同体的实际意义，从而充分地树立起正确的卫生健康观。自身应该保持正确的态度，冷静的思考，避免出现歧视现象，并且要多多包容、平等相待，共同合作，使阻力能够转化为动力，共克时艰。

3. 教学运用

本案例建议采用案例 Seminar 法实施。

（1）课前准备

案例于上课前一周发给学生，学生课前应阅读案例，并自行查阅更多相关资料，了解我国对其他国家抗疫提供援助的更多数据与事迹，做好课堂研讨准备。

（2）课时分配（时间安排）：70分钟

案例 Seminar 实施路径

教学环节	预计时间（分钟）	教学形式
研讨问题呈现	5	教师讲解与布置
课堂限时小组研讨	20	学生在规定时间内针对问题研讨
小组或学生代表发言	15	3~5名学生发言
教师小结	5	教师归纳研讨结论
学生提问	5	2~3名学生提问
相互提问与批判	15	组间或个人相互提问、批判
问题总结	5	教师评价、总结、反思，评分。注重案例思政意义的植入
合计	70	

（3）讨论方式

教师明确研讨主题，学生针对具体问题开展讨论，师生之间可以进行提问、辩论或观点陈述，教师进行总结与评价。

（4）教学总结

①学生课前准备是否充分，对于案例分析需要掌握的背景资料、核心知识、关键概念是否有系统的了解，对研讨问题的把握是否准确。

②课前、课中的研讨过程中，态度是否认真、发言是否积极，提问、辩论环节是否能够遵守基本礼仪，语言表达是否清晰，逻辑是否合理，观点是否正确，是否具有较强的分析、判断、总结和团队协作的能力。

③陈述内容能否体现案例所反映的现象与本质。分析中是否体现辩证思维，对案例所体现的价值内涵解读是否全面。

④案例教学中，要遵循案例教学的过程开放，鼓励学生发表不同意见、分析问题和困境，通过思辨、批判以及推理等环节训练学生独立思考的能力；提高思政"结果"的清晰度，加强价值引导效果。

案例 15　"健康丝绸之路"践行人类卫生健康共同体①

摘　要：案例介绍了新冠疫情在非洲暴发后，中国迅速向非洲伸出援手，体现我国坚持人类命运共同体理念，建设"健康丝绸之路"。通过介绍我国帮助非洲国家抗击新冠疫情的事迹，体现我国大力建设"健康丝绸之路"，践行人类卫生健康共同体的决心。

关键词：健康丝绸之路；人类命运共同体；新冠疫情

新冠疫情在非洲暴发后，中国迅速向非洲伸出援手。中方多批次向非盟和非洲国家提供大量抗疫物资，向多个国家派出抗疫医疗专家组，培训当地医护人员，同非洲国家举行专家视频会议等。

国际社会对"健康丝绸之路"充满期待

人类社会不仅面临治理赤字、信任赤字、和平赤字、发展赤字，还始终

_____

① 赵磊．建设健康丝绸之路 助力人类卫生健康共同体［`］.光明日报，2020-10-19.

面临健康赤字和安全赤字。自 20 世纪 70 年代开始，新传染病即以每年新增一种或多种的速度出现。2007 年 8 月，WHO 发布报告《构建安全未来：21 世纪全球公共卫生安全》。报告警告：全球正处在史上疾病传播速度最快、范围最广的时期。随着经济全球化发展，流行病传播越发快速，新病原体出现速度超过了过去任何一个时期。

传染性疾病蔓延不仅影响国家安全，还影响全球治理。共建"一带一路"国家多为发展中国家，公共卫生问题普遍突出，大都缺少基本公共卫生设施和服务，传染性疾病可能会摧毁其整个卫生系统，导致更高的死亡率和更严重的经济萧条。

据相关组织统计，受疫情影响，全球已有超过 1/6 的年轻人失业，未失业青年群体中 42% 的人收入下滑，这或将对其造成巨大的心理创伤。"健康丝绸之路"建设应更加关注青年群体，为他们创造良好的教育培训与就业机会，通过民心相通构建各国青年相互欣赏、相互理解、相互尊重的人文格局，同时努力做好疫情期间心理疏导工作。

面对疫情，"一带一路"合作伙伴守望相助，对中国提供了宝贵支持。中国也尽己所能向国际社会提供了大量帮助。2020 年 9 月 8 日，习近平总书记在全国抗击新冠疫情表彰大会上介绍，我国已宣布向世界卫生组织提供两批共 5000 万美元现汇援助，向 32 个国家派出 34 支医疗专家组，向 150 个国家和 4 个国际组织提供 283 批抗疫援助，向 200 多个国家和地区提供和出口防疫物资。"一带一路"的许多基础设施、民生项目、卫生健康项目都为抗疫发挥了重要作用。疫情不会削弱"一带一路"的价值，反而增强了国际社会对这一全球公共产品的期待。例如，2018 年 12 月，比利时政府与阿里巴巴集团签署协议，成为欧洲首个世界电子贸易平台（eWTP）共建国。疫情期间，为了更好地运输抗疫物资，阿里巴巴旗下的菜鸟网络将杭州至比利时列日机场的包机频次提高至每周 5 班。世界电子贸易平台列日枢纽不仅是欧洲的救援中心，更成为跨境贸易复苏的主动脉，往来于列日机场与中国之间的货运量同比增长 7%。

发力关键领域，做好重点工作

2015 年，国家卫计委（现在是国家卫健委）发布了《关于推进"一带一路"卫生交流合作三年实施方案（2015—2017）》。各界就此所做的努力已经取得初步成果，但就"一带一路"总体进展而言，在疫情暴发之前，公共卫生领域合作的标志性项目、品牌项目依然较少，未来应将公共卫生合作视为

"一带一路"基础性工作，进一步完善"健康丝绸之路"在关键领域的着力点。

坚持国际合作、多边主义，维护以联合国、世界卫生组织为核心的全球健康治理体系。进一步加强全球公共卫生治理，完善公共卫生安全治理体系，提升突发公共卫生事件应急响应速度，建立全球和地区防疫物资储备中心。要以全面提升共建"一带一路"国家人民健康水平为主线，以多双边合作机制为基础，创新合作模式，促进中国及沿线国家的卫生事业共同进步。当务之急是阻断病毒传播，维护全球公共卫生安全。疫情之后，各国在公共卫生领域的合作需求会大幅上升，应在"健康丝绸之路"框架下，加大公共卫生基础设施建设力度，切实完善惠及全人类、高效可持续的全球公共卫生体系。比如，中国支持联合国、世卫组织动员国际社会加强政策协调，加大资源投入，特别是帮助公共卫生体系薄弱的发展中国家做好防范和应对准备，并向世卫组织捐款 2000 万美元，帮助发展中国家提升应对疫情的能力，加强公共卫生体系建设①。

坚持以企业为主体，为"健康丝绸之路"提供高质量产品与服务。在抗击新冠疫情过程中，中国企业在海外不仅向当地提供多种援助，更坚守岗位，克服交通中断、材料短缺、卫生防护不足等重重困难，为保障当地生产和民生供应、稳定全球产业链做出积极贡献。当前，国际社会在卫生健康领域需求强烈，中国企业可发挥在远程医疗技术、电子商务等方面的优势，在"健康丝绸之路"建设中加以推广和应用。未来，中国企业还应与各国企业进一步加强传染病防控、妇幼保健、卫生援助、疫苗研制等领域的国际合作，提供更多教育培训、人才培养等健康领域的公共产品。同时，应注重发挥"一带一路"产能合作引领作用，加强医药产业园等特色园区建设，进一步加强在健康、医药卫生等领域的合作。

坚定自主创新，不断增强中国自身实力与国际塑造力。"十四五"时期，应继续完善关键核心技术攻关的新型举国体制，加快推进人口健康、生物安全等领域科研力量布局，整合生命科学、生物技术、医药卫生、医疗设备等领域的国家重点科研体系，布局一批国家临床医学研究中心，加大卫生健康领域科技投入，加强生命科学领域的基础研究和医疗健康关键核心技术突破，

---

① 常雪梅，王珂园."健康丝绸之路"为生命护航——抗击疫情离不开命运共同体意识 [EB/OL]. (2020-03-24). 人民网.

加快提高疫病防控和公共卫生领域战略科技力量和战略储备能力。要加快补齐我国高端医疗装备短板，突破技术装备瓶颈，实现高端医疗装备自主可控。加强我国传统医药和现代医药的创新研发，推动中医药更好地走向世界。比如，为解决相关国家面临的公共卫生资源短缺问题，可在孔子学院和鲁班工坊的基础上，在"一带一路"国家建立李时珍药坊、华佗医院等。同时，加强话语权建设，将生物安全以及公共卫生合作类智库建设列入"十四五"时期重要工作议程，培育有国际竞争力的生物安全与公共卫生合作领域战略型智库。

从打造"健康丝绸之路"，到打造人类卫生健康共同体，中国愿同全球伙伴携起手来，推动完善全球公共卫生治理，提升卫生健康水平。当此之时，疫情蔓延，警钟在耳，各国必须做出正确抉择，团结再团结，行动再行动，共商共建共享，为生命护航。

思考问题：

1. 为什么要建设"健康丝绸之路"？

2. 为建设"健康丝绸之路"，我国做出了哪些行动？

3. 新冠疫情全球大流行对"健康丝绸之路"造成了什么影响？

案例使用说明。

1. 案例的思政价值

树立人类命运共同体意识。"一带一路"是民心工程，也是民生工程。新冠疫情带给世界的影响是深刻的，人类不仅需要应对一时挑战，而且需要切实着眼、布局人类卫生健康事业的长远。在全国抗击新冠疫情表彰大会上，习近平总书记强调，中国将继续推进疫情防控国际合作，支持世界卫生组织发挥全球抗疫领导作用，同各国分享防控和救治经验，继续向应对疫情能力薄弱的国家和地区提供帮助，发挥全球抗疫物资最大供应国作用，推动构建人类卫生健康共同体。

引导大学生积极参与社会生活，勇于承担社会责任。当前，中国在继续做好国内疫情防控的同时，也向一些疫情严重、亟须帮助的国家伸出了援手。眼下，新冠疫情在很多国家迅速蔓延，每天都有大量生命遭受痛苦，很多鲜活生命逝去，一些国家亟须得到帮助。中国毫无保留地与世界各国交流分享抗疫经验，力所能及地为国际社会提供援助。无惧危险，一批批中国抗疫医疗专家"逆行"出征，驰援海外，彰显中国推动构建人类卫生健康共同体的大国担当，并不断鼓舞着青年学生积极参与社会活动，勇于承担社会责任，持有开放包容的心态，努力调整自己的角色，积极投身到国际国内社会实践，努力承担起世界公民的责任，将广阔的国际舞台作为自己参与社会、奉献社会的实践平台。

2. 案例分析要点

问题 1：在全球面临新冠疫情的背景下，中国在积极为周边国家的抗疫提供国际援助，阐明中国理念、提出中国主张，为建设"一带一路""健康丝绸之路"不懈奋斗，同世界各国携手合作、共克时艰，为全球抗疫贡献了重要智慧和力量。疫情仍在反复，团结抗疫仍是当前和今后一个时期世界上的大事。面对疫情挑战，中国秉持人类卫生健康共同体理念，推进建设"健康丝绸之路"，坚定不移推动疫情防控国际合作，坚定不移为各国特别是广大发展中国家抗击疫情提供支持，展现出胸怀天下的大国担当。

问题 2：第一，我国为全世界提供抗疫"样板"，提振世界抗疫信心；第二，我国积极同其他国家分享疫情信息，推动建立卫生安全合作机制；第三，中国积极倡导国际人道主义精神，及时向意大利、伊朗、伊拉克等疫情严重国家派出医疗队；第四，援助和出口医疗物资，保障抗疫需求；第五，我国与其他国家加强医疗技术合作，有效分享抗疫良方。此外，我国同其他国家加强抗疫科技合作，提升抗疫能力。中国高度重视发挥抗疫的科技力量，积极在药物、疫苗、检测试剂等方面开展科技国际合作。

问题 3：新冠疫情全球大流行给"健康丝绸之路"建设带来了不少挑战，传染性疾病蔓延不仅影响国家安全，也影响全球治理。共建"健康丝绸之路"国家多为发展中国家，公共卫生问题普遍突出，大都缺少基本公共卫生设施和服务，传染性疾病可能会摧毁其整个卫生系统，导致更高的死亡率和更严重的经济萧条，但也凸显了"健康丝绸之路"的韧性和活力。面对疫情，"一带一路"合作伙伴守望相助，对中国提供了宝贵支持，中国也尽己所能向国际社会提供了大量帮助。面对疫情，"健康丝绸之路"建设将为构建人类卫生健康共同体注入更加强劲的动力。

3. 教学运用

本案例建议采用课后自学案例法实施。

（1）课后布置

课后要求学生阅读案例，并自行查阅更多的相关资料，了解更多关于

"健康丝绸之路"的内容，做好课堂讨论准备。

（2）课时分配（时间安排）：不限

课后自学案例实施路径

教学环节	教学内容	教学形式	思政元素
自学前	已学知识的复习，案例资料的获取，明确问题	教师指导，资料提供	加强学生自主学习意识和习惯，培养团队协作精神与沟通能力，开发思政自我教育意识和能力
自学中	案例学习，讨论交流	小组讨论、提炼发言纲要	
自学后	总结与反思	教师随堂提问、抽查、小结	

（3）自学方式

共同学习交流，案例资料分析，分组讨论问题，提炼总结与反思。

（4）教学总结

①任务是否明确，学生课后是否真实开展相关活动。

②学习过程中，态度是否认真，以及参与度如何，讨论交流是否充分合理，是否体现较强的沟通与团队协作的能力。

③小结或回答提问能否体现案例反映的本质，对案例体现的价值内涵解读是否全面、深刻。

④自主学习中，是否遵循案例教学的过程开放原则，学生是否充分表达意见，小组能否达成共识，思路是否清晰。

参考文献

一、专著

[1] 邓小平.邓小平文选：第2卷 [M].北京：人民出版社，1994：104.

[2] 韩海涛.当代世界思潮历史主题探究 [M].北京：中国人民大学出版社，2020：15.

[3] 梁万年.卫生事业管理学 [M].北京：人民卫生出版社，2017.

[4] 文雪，林叶舒，慕容勋.有效教学论要 [M].南京：南京大学出版社，2017：149-161.

[5] 杰克逊.系统思考 [M].高飞，李萌，译.北京：中国人民大学出版社，2005：10-11.

[50] 中共中央党史和文献研究院.习近平关于统筹疫情防控和经济社会发展重要论述选编 [M].北京：中央文献出版社，2020：65-67.

二、期刊

[1] 陈歌，崔颜宏，牛小艳，等.课程思政背景下人体解剖学开学第一课教学设计与实施 [J].卫生职业教育，2021，39（19）：77-78.

[2] 程军栋."三同"式"以案说法"创新思政课教学法探索与实践：以陕西工院思政课教学方法创新改革为例 [J].佳木斯职业学院学报，2019（8）：130+132.

[3] 崔健，舒练.高校思想政治理论课讲好伟大抗疫精神论略 [J].思想教育研究，2021（2）：116-120.

[4] 邓杨.新时代高校"课程思政"建设的价值内涵与优化路径 [J].河西学院学报，2022，38（1）：4.

[5] 邓珍艳，权麟春.把伟大抗疫精神融入高校思政课的必要性、内容

设计与建设性路径 [J]. 长江师范学院学报, 2021, 37 (2)：102-110.

[6] 丁蕾, 蔡伟, 丁健青, 等. 新型冠状病毒感染疫情下的思考 [J]. 中国科学（生命科学）, 2020, 50 (3)：247-257.

[7] 杜明义, 余忠淑. 高校"课程思政"的基本内涵、价值意蕴与实施路径 [J]. 广东技术师范大学学报, 2021, 42 (4)：99-104+112.

[8] 段志光, 王彤, 李晓松, 等. 大健康背景下我国卫生管理人才培养的政策研究 [J]. 中国工程科学, 2019, 21 (2)：61-68.

[9] 段志光. 时、空、人三个维度的中医发展之观察：兼论融合共生型现代中医人才之培养 [J]. 医学与哲学, 2019, 40 (3)：13-16.

[10] 李奎刚, 马顺元. 新时代医学院校"课程思政"的探索 [J]. 卫生职业教育, 2022, 40 (2)：2.

[11] 李秀梅. 用伟大抗疫精神激发当代青年使命担当 [J]. 人民论坛, 2020 (36)：128-130.

[12] 刘建军. 试论新时代思想政治教育的精神气质 [J]. 文化软实力, 2017 (4)：11-14.

[13] 陆道坤. 课程思政推行中若干核心问题及解决思路：基于专业课程思政的探讨 [J]. 思想理论教育, 2018 (3)：64-69.

[14] 陆道坤. 课程思政推行中若干核心问题及解决思路：基于专业课程思政的探讨 [J]. 思想理论教育, 2018 (3)：64-69.

[15] 彭昕, 廖雅雯, 吕洁雯, 等. 提升社区卫生服务中心在重大传染病防控中的作用机制研究 [J]. 医学食疗与健康, 2021, 19 (3)：181-182.

[16] 邱伟光. 论课程思政的内在规定与实施重点 [J]. 思想理论教育, 2018 (8)：62-65.

[17] 邱伟光. 论课程思政的内在规定与实施重点 [J]. 思想理论教育, 2018 (8)：62-65.

[18] 曲青山, 王全春, 樊莉莉, 等. 论伟大抗疫精神 [J]. 中共党史研究, 2020 (4)：5-11.

[19] 师璐, 黎莉, 邢方敏. 卫生管理人才培养的问题与对策：基于新冠肺炎疫情的思考 [J]. 中国高教研究, 2020 (5)：48-51.

[20] 唐海歌. "课程思政"：内涵、价值意蕴与实施策略 [J]. 山西青年职业学院学报, 2021, 34 (3)：98-101.

[21] 田鸿芬, 付洪. 课程思政：高校专业课教学融入思想政治教育的实

践路径 [J]. 未来与发展, 2018 (4): 99-103.

[22] 王春霞. 新时代深化"课程思政"建设的价值意蕴、重要遵循与实践进路 [J]. 高校辅导员, 2021 (4): 23-27.

[23] 王丽君, 苏蕴, 李友卫. 对公共事业管理专业（卫生事业管理方向）人才培养的思考 [J]. 高教学刊, 2021, 7 (28): 165-168.

[24] 王莹, 孙其昂. 高校课程思政教师的政治底蕴: 学理阐释与厚植路径 [J]. 高校教育管理, 2021, 2 (15): 88-97.

[25] 吴慧明, 吴义周. 高校学生弘扬伟大抗疫精神的价值与途径 [J]. 高校辅导员学刊, 2021, 13 (3): 48-51+100.

[26] 吴秋俊. 新冠疫情下构建人类卫生健康共同体的社会工作介入研究 [J]. 社会科学前沿, 2021, 10 (9): 2562-2567.

[27] 吴永军. 教育需要纯粹的精神气质 [J]. 教育发展研究, 2017 (20): 1-7.

[28] 夏清, 郭长江. 伟大抗疫精神融入新时代医学人文素养培育的策略探析 [J]. 河南教育（高等教育）, 2021 (5): 50-52.

[29] 夏清, 郭长江. 伟大抗疫精神融入新时代医学人文素养培育的策略探析 [J]. 河南教育（高等教育）, 2021 (5): 50-52.

[30] 谢朝丹. 习近平总书记关于中医药的重要论述融入思政课教学的研究: 以上海中医药大学为例 [J]. 高教学刊, 2021, 7 (31): 30-33.

[31] 许烽. "获得感"语境下高校思想政治理论课教与学的矛盾与破解对策 [J]. 内蒙古财经大学学报, 2021, 19 (3): 49-52.

[32] 杨澜, 耿步健. 抗疫精神内涵及融入学校思政教育研究 [J]. 理论建设, 2020, 36 (5): 7-14.

[33] 杨晓慧, 沈壮海, 高国希, 等. 高等学校课程思政建设笔谈 [J]. 教育研究, 2020 (9): 16-33.

[34] 于安龙, 王建洲. 论中国伟大抗疫精神的渊源、内涵与价值 [J]. 天津师范大学学报（社会科学版）, 2021 (5): 54-59.

[35] 岳红梅, 张凌丽, 王笑飞, 等. "抗击新冠肺炎疫情精神"融入医学生思想政治教育的探索: 以广州医科大学第六临床学院为例 [J]. 清远职业技术学院学报, 2022, 15 (1): 80-83.

[36] 朱晓丹. 论人本管理 [J]. 学习与探索, 2004 (3): 89-91.

[37] 赵艳, 宋佳, 王良滨, 等. 以文化人: 基于文化传承的中医各家学

说课程思政建设探索与实践 [J]. 中医药管理杂志，2020，28（7）：20-23.

[38] 郑汉阳，周俊. 认清"双减"实质，遵从教育规律，提升教育出版服务品质 [J]. 出版广角，2021（20）：5.

[39] 习近平主持召开中央全面深化改革委员会第十二次会议强调：完善重大疫情防控体制机制健全国家公共卫生应急管理体系 [J]. 中国建设信息化，2020，5：2-3.

[40] 张秀峰，段志光. 中医药自信教育融入高等中医药院校思政课程的思考 [J]. 医学教育管理，2020，6（5）：440-446.

三、其他

[1] 何花. 工科大学生课程思政实践研究 [D]. 成都：电子科技大学，2021.

[2] 沈壮海，刘水静. 伟大抗疫精神是中国精神的生动诠释 [N]. 光明日报，2020-09-11（11）.

[3] 习近平. 在全国抗击新冠肺炎疫情表彰大会上的讲话 [N]. 人民日报，2020-09-09（2）.

[4] 张烁. 习近平在全国高校思想政治工作会议上强调：把思想政治工作贯穿教育教学全过程开创我国高等教育事业发展新局面 [N]. 人民日报，2016-12-09（1）.

[5] 国务院办公厅. 国务院办公厅关于印发全国医疗卫生服务体系规划纲要（2015—2020年）的通知 [EB/OL].（2015-03-10）. 中国政府网.

[6] 教育部. 教育部关于印发《高等学校课程思政建设指导纲要》的通知 [EB/OL].（2020-06-01）. 中华人民共和国教育部网.

[7] 教育部. 教育部关于加快建设高水平本科教育全面提高人才培养能力的意见 [EB/OL].（2018-10-08）. 中华人民共和国教育部网.

[8] 教育部高等教育司. 教育部高等教育司关于深入推进高校课程思政建设的通知 [EB/OL].（2021-12-22）. 湖北第二师范学院建材学院课程思政专题平台网.

[9] 教育部. 教育部关于公布课程思政示范项目名单的通知 [EB/OL].（2021-06-10）中华人民共和国教育部网.

[10] 教育部. 教育部关于印发《新时代高校思想政治理论课教学工作基本要求》的通知 [EB/OL].（2018-04-13）. 中华人民共和国教育部网.

［11］国家中医药管理局 推进"一带一路"建设工作领导小组办公室关于印发《推进中医药高质量融入共建"一带一路"发展规划（2021—2025年）》的通知［EB/OL］.（2021-12-31）.中国政府网.

［12］教育部.着力构建一体化育人体系 打通育人最后一公里 高校思政工作质量提升工程实施纲要发布［EB/OL］.（2017-12-07）.中华人民共和国教育部网.

［13］中共中央办公厅 国务院办公厅.印发《关于深化新时代学校思想政治理论课改革创新的若干意见》［EB/OL］.（2019-08-14）.中国政府网.

［14］中共中央 国务院.印发《关于加强和改进新形势下高校思想政治工作的意见》［EB/OL］.（2017-02-27）.中国政府网.

［15］中共中央 国务院.印发《关于新时代加强和改进思想政治工作的意见》［EB/OL］.（2021-07-12）.中国政府网.

［16］教育部.中共中央国务院发出《关于进一步加强和改进大学生思想政治教育的意见》［EB/OL］.（2004-10-15）.中华人民共和国教育部网.